អង្គការវប្បធម៌វិទ្យាសាស្ត្រនិងអប់រំសហប្រជាជាតិ

# ប្រាសាទអង្គរវត្ត ការស្រាវជ្រាវសកម្មភាពការពារអន្តរជាតិ

# 吴哥古迹

# 联合国教科文组织吴哥古迹国际保护行动研究

中国文化遗产研究院 主编
王毅 袁濛茜 编著

ZHEJIANG UNIVERSITY PRESS
浙江大学出版社

# STUDY ON THE UNESCO PROGRAMME FOR SAFEGUARDING ANGKOR

By Wang Yi and Yuan Mengxi
Chinese Academy of Cultural Heritage

# Angkor

In Commemoration of the 25th Anniversary of the International Programme on Safeguarding Angkor

# 纪念国际援助吴哥古迹25周年

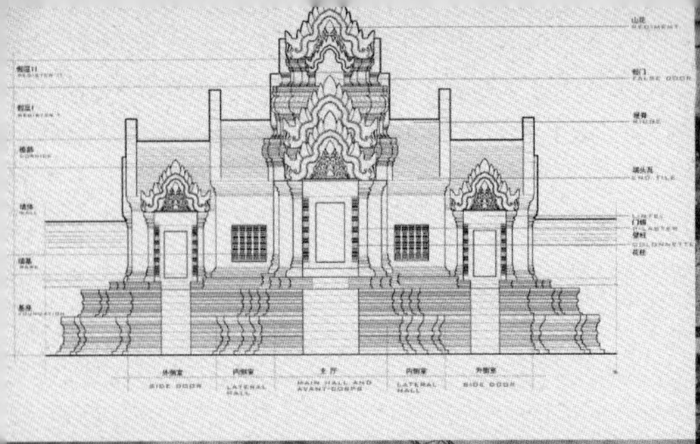
SIDE DOOR
LATERAL HALL
MAIN HALL AND AVANT-CORPS
LATERAL HALL
SIDE DOOR

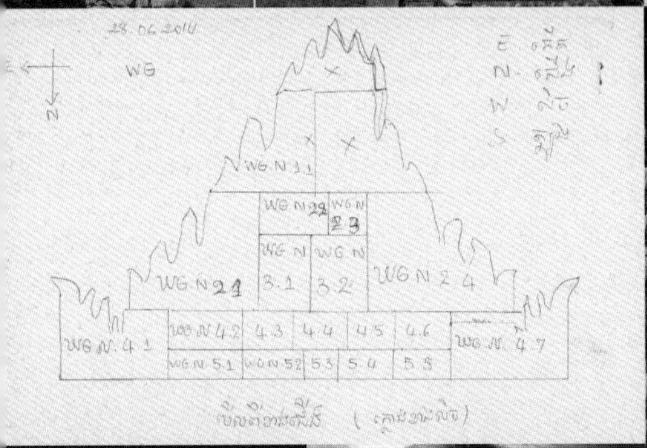
28.06.2014
WG

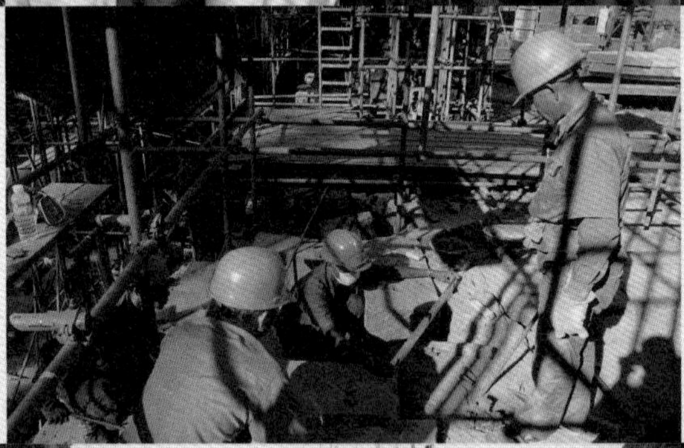

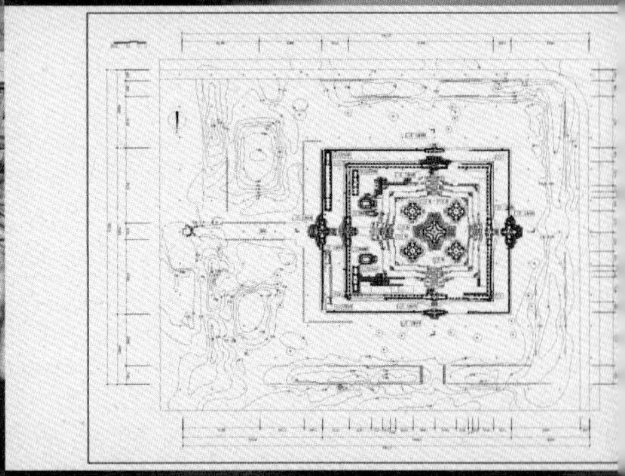

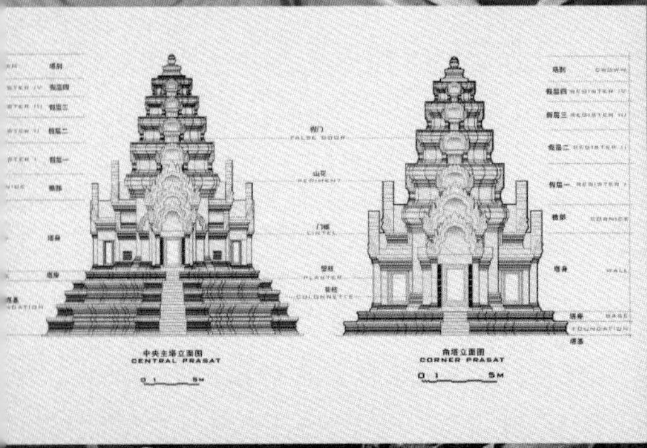
中央主塔立面图
CENTRAL PRASAT
角塔立面图
CORNER PRASAT

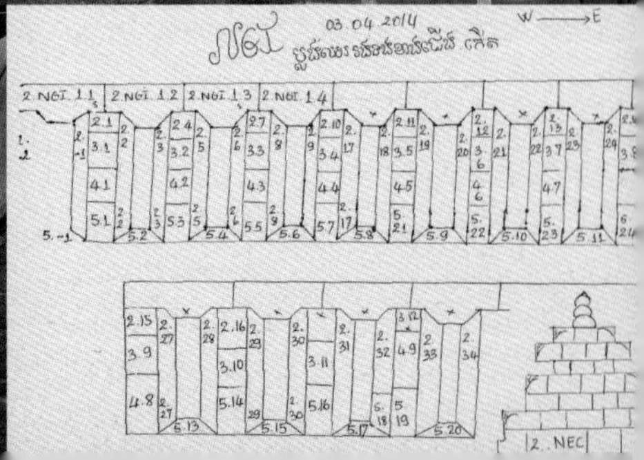
03.04.2014
W——>E

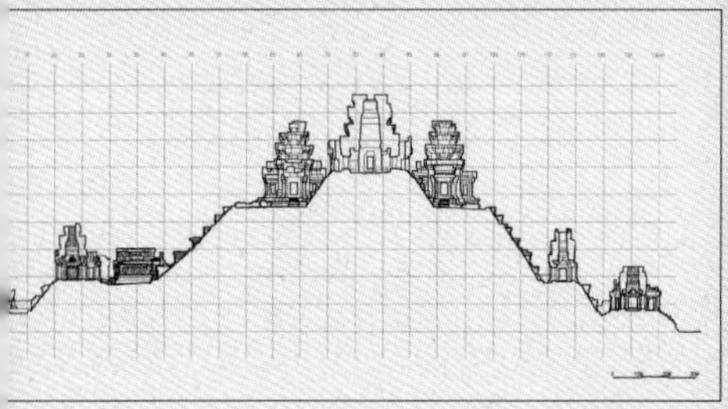

CACH-CSA

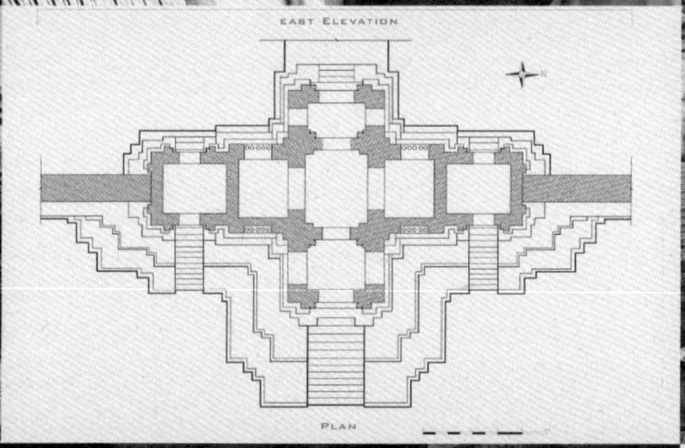
EAST ELEVATION
PLAN

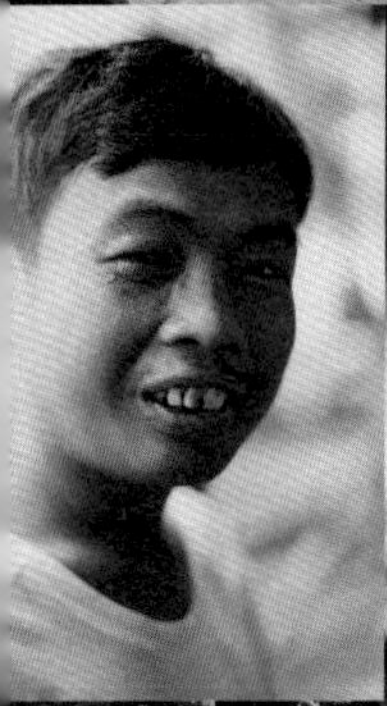

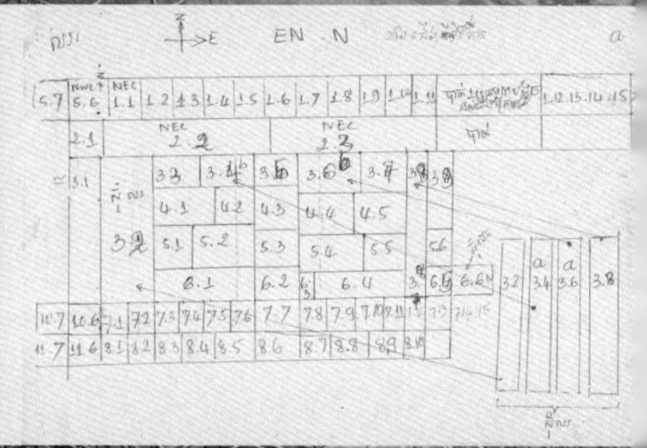

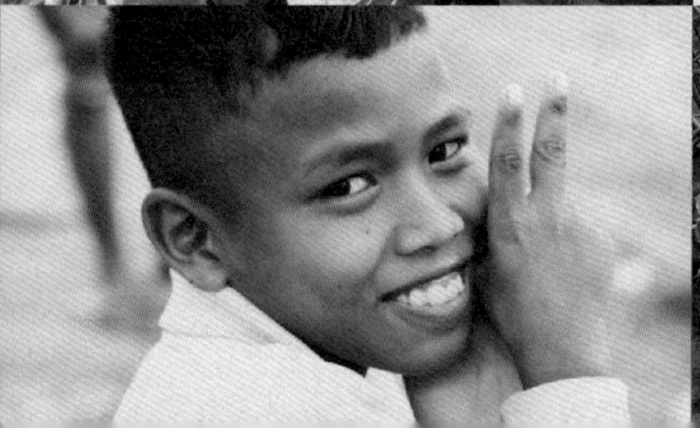

# 序

本书所述的“吴哥古迹国际保护行动”，是指联合国教科文组织发起的拯救柬埔寨吴哥古迹的国际合作。它正式开始于1993年，即将走进第25个年头。中国政府虽然派代表参加了1993年的东京会议，但实际的文物修复援助工程是从1998年开始的，即将在2018年迎来20周年。

在这20年里，一方面，在保护吴哥古迹的大舞台上，国际援助的深度和广度不断得到拓展，从中展现出来的多国合作模式和跨学科综合性的保护和发展方法，已使其成为全球范围内文化遗产保护利用的典范。另一方面，我国文物保护修复的对外援助事业，也以吴哥为起点，实现了从无到有，并逐渐多点开花，渐入佳境。

在柬埔寨暹粒，我们即将完成援助吴哥的二期工程——位于大吴哥城东门外的茶胶寺工地已经进入最后的收官阶段。与此同时，来自中国文化遗产院的团队正在王宫遗址进行初期的工程勘探，我们希望能在这里与柬方合作开展新项目。从2014年开始，中国政府还被选举担任联合国教科文组织援助柏威夏寺保护国际委员会的双主席国之一（另一主席国是印度）。毫无疑问，这不仅是中国影响力和日益密切的中柬关系的积极反映，而且也是对20年来中国在吴哥工作态度和能力的充分肯定。

中国是举世公认的文明古国，也是无可争议的文化遗产大国。但在吴哥古迹保护修复的国际舞台，我们是后到的学习者。在柬埔寨，我们首先注意的，是学习柬埔寨的历史文化，了解柬埔寨政府和人民的需求；其次，我们还要注意学习联合国教科文组织关于吴哥古迹保护的整体设计和要求，要广泛了解其他国际援助队伍以及吴哥学术界的前沿动态；最重要的是培养对属于全人类的吴哥文化遗产的尊重与热爱，培养使命感与责任感，把中国的文物保护技术、理念与吴哥古迹保护的实际相融合，利用吴哥这个国际舞台，培养、锻炼我们的队伍和专家，提升我们的理念、技术、能力，展示中国文物工作者的素质、水平，为增进中柬两国人民的友谊、密切两国关系，做出积极贡献。

本书缘起于王毅副研究员在中国文化遗产研究院工作期间所承担的“吴哥国际保护合作历史与现状研究”课题。当初设计这个课题，主要目的是试图通过全盘通检国际社会的援柬工作，进一步看清中国队在其中的位置，认识我们的优势和不足，为今后长期在柬工作以及开展其他外援工作提供参照。王毅非常努力和用心，不仅在国内广泛收集和研究相关资料，而且还亲赴暹粒考察各国工地的现场，并与一些重要当事人进行面对面的交流，掌握了大量第一手的材料，基本厘清了吴哥古迹国际保护行动的历史与现状，以及各国工作队参加吴哥保护的主要内容和特点。我记得，这个课题在院里结项时，获得了很高的评价。

课题完成后不久，王毅就因为个人原因调回了他的家乡杭州。告别之际，我曾经对王毅说了不少鼓励的话，其中比较集中的一个话题，是希望他继续保持对吴哥古迹国际行动的关注，争取早日正式出版专著。我要感谢王毅的言而有信，他一直未放弃对于吴哥工作的关注，继续搜集和研究了大量资料，为本书的最终完成奠定了基础。

袁濛茜是后来加入本书的编著的，作为中国文化遗产研究院的年轻一代，她不仅具有主动学习的热情，而且还拥有长期在暹粒工作的地利。作为中国政府援助吴哥古迹保护工作队的一员，她对吴哥国际保护行动最新进展敏锐和感性的观察与思考，是王毅和读者都需要的。

前不久，吴哥与暹粒地区保护与管理局局长索曼博士来华访问。我在和他的会晤中提到了这本即将问世的著作，引起了索曼博士极大的兴趣。他告诉我，这是吴哥国际行动25年来第一次有人对这个行动本身进行综合性的回顾和研究。如果出版发行，将对联合国教科文组织继续推动吴哥古迹保护国际行动，以及开展柏威夏寺保护国际行动，起到很好的作用。他表示，不仅吴哥管理局非常期待，而且各国工作队也都会期待这本书的早日问世。我完全同意他的判断，而且我还坚信，这本书还能为国内大型文化遗产，特别是都市遗产的保护管理，为城市管理者、遗产研究者和从业者，以及我国今后参加或主持国际文化遗产保护项目提供积极的参考。

是为序。

2017年10月29日于北京西山永定镇

# 目录

# Contents

# 前 言

# Introduction

柬埔寨的吴哥古迹举世闻名，但由于战乱和疏于保护，它于1992年被世界遗产委员会以濒危遗产的形式列入《世界遗产名录》。1993年，联合国教科文组织（以下简称UNESCO）出面，由法国和日本牵头，组织国际上多个国家和国际组织发起拯救吴哥保护行动，并成立了保护吴哥古迹国际协调委员会（International Co-ordinating Committee for the Safeguarding of the Historic Site of Angkor，以下简称ICC），从而揭开了有史以来规模最大的国际文化遗产保护行动的序幕。1995年，为回应世界遗产委员会决议的要求，柬埔寨政府成立了吴哥与暹粒地区保护与管理局（Authority for Protection and Management of Angkor and the Region of Siem Reap，以下简称APSARA局），专门负责吴哥古迹及周边地区的保护和发展事宜，进一步完善了吴哥古迹的保护管理体制。

经过多年努力，吴哥古迹于2004年被成功地从《世界濒危遗产名录》中移除，而保护吴哥古迹的国际合作持续开展至今，从中展现出来的多国合作模式和跨学科综合性的保护和发展方法，已使其成为全球范围内文化遗产保护的典范。

中国政府是吴哥国际保护行动最早的发起者和参与者之一，并为此投入了大量的人力和资金，由中国文化遗产研究院具体承担的周萨神庙和茶胶寺保护修复工程也得到了国际社会的普遍好评。目前，由中柬合作开展的吴哥保护新项目，以及由中印两国共同牵头的国际援助柏威夏寺项目也已启动。

本书通过收集和研究APSARA局、ICC及各国参加吴哥国际保护的相关文件与资料，汇总和梳理国内外对于吴哥国际保护的相关研究成果，并对吴哥国际保护项目的重要当事人进行直接的访谈，基本厘清了吴哥古迹国际保护行动的历史与现状，包括APSARA局的成立过程和主要职责，ICC的运作方式，以及各国参加吴哥国际保护的主要特点等。

本书共分上、中、下三篇。上篇介绍了吴哥古迹的基本情况，并对二十余年来吴哥国际保护行动所走过的历程和国内外重要的研究成果进行简要回顾；中篇聚焦APSARA局这一在世界文化遗产保护中具有创造性意义的遗产保护管理机构，梳理其成立以来所走过的路程，总结其在文化遗产保护方面的经验与教训，并对吴哥保护的相关法律法规和重要项目展开专题研究；下篇在研究ICC运作方式及各国队伍援助吴哥古迹特点的基础上，为今后我国承担此类国际援助项目提出建议。此外，本书还把吴哥国际保护行动中的一些重要文件翻译成中文作为附件，包括三次保护与发展吴哥古迹国际会议的宣言和建议，关于APSARA局成立和吴哥保护区划的重要法律文件，以及ICC内部规章、吴哥研究人员行为准则等，以便读者更好地了解吴哥国际保护行动的全貌。

希望本书的出版，能为我国今后参加或主持类似的国际保护项目，以及国内大型文化遗产的保护管理提供参考。

The international programme for safeguarding Angkor Historic Site, with the mode of international assistance through the mechanism of an international coordination committee (ICC-Angkor), and the multidisciplinary method for protecting the site in a sustainable way, has become a real example for cultural heritage protection all over the world.

With the continuous joint efforts from the Cambodian government represented by the Authority for Protection and Management of Angkor and the Region of Siem Reap (APSARA Authority), ICC-Angkor, and work teams from more than 30 countries, the international programme is going to welcome its 25th anniversary in 2018. This book is prepared to celebrate this exciting moment.

Through collecting and studying documents and other research materials from the APSARA Authority, ICC, and a number of international work teams, as well as articles written by international peers, and interviewing people engaged in the Angkor programme, this book traces the history of the international programme, and outlines its current situation. It is divided into three parts. The first part introduces the basic information of Angkor Historic Site, and summarizes the 25 years' history of the international programme, as well as important research achievements made both in China and abroad. The second part focuses on the APSARA Authority, which is a pioneering institution for cultural heritage conservation, management and development. This part looks at the history of APSARA Authority, and summarizes the experiences learnt. Meanwhile, thematic studies are made here on some of the important projects, such as the Heritage Management Framework and the Tourism Management Plan. The third part explores the mechanism of ICC-Angkor, as well as the characters of various international work teams, and makes suggestions for China's future international collaboration on cultural heritage.

# 上 篇

## 吴哥古迹及

## 吴哥国际保护行动综述

本篇第一章对吴哥古迹历史和现状的基本情况进行简单介绍，对其申遗过程加以回顾，第二章对从1993年开始至今的吴哥古迹国际保护行动的主要成果和时代特征进行探讨，并对国内外相关研究成果加以评述。

# 第一章　吴哥古迹与世界遗产

## 第一节　吴哥古迹简介

位于柬埔寨首都金边西北约240千米处的吴哥古迹[①]，是公元9—15世纪柬埔寨吴哥王朝的都城所在。吴哥建筑群始建于公元9世纪。当时，阇耶跋摩二世（Jayavarman II，802—835年在位）宣布从爪哇独立，并完成了国家统一，自此开启了柬埔寨历史的新篇章。他首先将都城定于今吴哥东北约30千米的荔枝山区域，此后几百年间国都虽几经变动，但一直在今天的吴哥/暹粒地区附近，后人习惯上将这一时期称为吴哥王朝[②]。

---

① “吴哥”来源于梵语Nagara，意为都城。

② 吴哥王朝世系表见附件1。

图1.1 吴哥通王城城门[①]

吴哥王朝鼎盛于11世纪，是当时称雄中南半岛的大帝国，也是柬埔寨文化发展史上的一个高峰。从12世纪中叶开始，吴哥王朝陷入连年征战，吴哥王城也曾被占婆（主要统治区域在今泰国境内）占领。在阇耶跋摩七世统治期间（Jayavarman VII，1181—1215/1220年在位），吴哥王朝得到复兴，并开展了大量的建设项目。但国家在他死后又迅速衰落下去，期间吴哥城也曾数次被泰国军队攻占。1431年，吴哥又一次被泰国阿瑜陀耶王朝的军队占领，国王决定放弃吴哥进行迁都，并于1434年定都于今天的金边，吴哥王朝宣告结束。吴哥建筑群也从此逐渐荒芜，慢慢湮没于茫茫热带丛林之中。

---

① 本书中的照片，如无专门说明的，由两位作者或援柬工作队其他成员拍摄。

之后吴哥地区虽然一直有少量民众居住，也曾陆续有西班牙、葡萄牙等国的传教士到达过这里，但它一直不为外界所广泛知晓。直到400多年后的1860年，吴哥古迹被法国自然科学家亨利·穆奥（Henri Mouhot）发现，并向欧洲和世界广为宣传介绍，它才重新进入世人的视野，并逐渐开始得到保护。

图1.2
法国自然科学家亨利·穆奥
（Heri Mouhot，1826—1861）

今天人们通常所说的吴哥古迹共包括大小各式建筑600余座，分布在约400多平方千米的丛林中，其中最广为人知并最具代表性的是吴哥通王城（Angkor Thom，亦称大吴哥，在高棉语中意为“大城”）和吴哥窟（Angkor Wat，亦称小吴哥[①]）。吴哥通王城由上述复兴吴哥王朝的阇耶跋摩七世在原先的吴哥王城附近修建，占地约10平方千米，四周围绕以约7米高的城墙和宽达100米的护城河，东边有两座城门，其余每边各有一座城门。王城内重要的建筑包括巴戎寺（Bayon）、巴方寺（Baphuon）、王宫（Royal Palace）、斗象台（Terrace of the Elephants）、十二塔（Prasat Suor Prat）等。

① Wat是高棉语中的“庙”，Angkor Wat意为“都城庙”。

图1.3　巴戎寺（左）

图1.4　巴戎寺著名的“高棉的微笑”雕像（右）

巴戎寺位于王城中心，是阇耶跋摩七世修建的国家寺庙，寺门向东，内外两层回廊皆刻有浮雕。外回廊的浮雕内容包括战争及耕种、渔猎、集市贸易、婚礼、杂技等场面，内回廊的浮雕内容主要以神话故事、王宫生活为主，而令巴戎寺举世闻名的则是第三层上的54座刻有“高棉微笑”的独特脸形塔。

王宫在巴戎寺北边，由于当时的宫殿是木结构，现已无存。王宫前的高台是国王听政、接见外宾和检阅军队的地方，石台上的木构建筑也已不见。由于高台阶沿雕刻一排巨象，因此被称为斗象台，台前广场对面有小石塔12座。

王宫附近的巴方寺建于11世纪中叶，是优陀耶迭多跋摩二世（Udayadityavarman II，1050—1066年在位）所修建的国庙。巴方寺的高架甬道长达170余米，正殿分为5层，向上逐渐缩小，回廊中有大量的小幅浮雕，有以印度史诗为题材的故事，也有描绘古高棉人日常生活的场景。殿后西侧有一尊巨大的卧佛，据推测是15世纪以后人们拆除了部分原有建筑，用拆下来的石块所建造。卧佛尚未完工，仅堆砌出了躺卧的形状。

位于吴哥通王城南门外的吴哥窟不仅是吴哥古迹的重要象征，还出现在柬埔寨国旗上，成为整个国家的象征。它由苏利耶跋摩二世（Suryavarman II，1113—约1150年在位）下令修建，坐东面西，围绕以宽达190米的环濠，周长5.6千米。环濠内有石砌的外、内围墙各一道，从西门穿过外墙后有一条300多米长的神道通往内墙，神道两侧各有一座藏经阁。吴哥窟的主殿位于内围墙里，坐落在三阶层的台基之上，每层台阶上都有石砌回廊。吴哥主殿的浮雕内容主要取自印度史诗《罗摩衍那》和《摩诃婆罗多》中的故事。

图1.5　王宫遗址（上）

图1.6　斗象台（下左）

图1.7　巴方寺（下中）

图1.8　巴方寺卧佛（下右）

图1.9　吴哥窟

图1.10　柬埔寨国旗

在吴哥窟和吴哥通王城附近其他著名的建筑还有巴肯寺(Bakheng)、塔布隆寺(Ta Prohm)、茶胶寺（Ta Keo）和周萨神庙（Chau Say Tevoda）等。

巴肯寺由耶输跋摩一世（Yasovarman I，889—900/915年在位）下令修建。当时耶输跋摩一世将都城从东南方向的罗洛斯迁至现吴哥王城所在地，以巴肯寺为中心，建起一座4平方千米的王城。巴肯寺是一座以砖为主的砖石结构建筑，建于巴肯山之上。巴肯山虽然只有67米高，但山势峭立陡峻。巴肯寺是吴哥王朝第一座借助自然山丘修建的庙宇建筑，在其中融入了深刻的印度教宇宙象征意义。12世纪，阇耶跋摩七世在巴肯寺北面新建了吴哥通王城，形成了今天巴肯寺位于王城南门之外的格局。

图1.11　巴肯寺（左）

图1.12　塔布隆寺（右）

茶胶寺位于王城东边胜利门外约1千米，建造于10世纪末至11世纪初，历经数位国王，但最终并未完工。高大的须弥台以及坐落于须弥台之上的中央五塔象征着须弥山，即宇宙的中心，同时也是神的驻锡之所。茶胶寺处于庙山建筑形制的转型时期，新旧建筑元素同时出现使茶胶寺在吴哥历史中具有承前启后的重要地位。

周萨神庙位于吴哥通王城胜利门外，建于公元11世纪末至12世纪初，是一座印度教寺庙，以胜利门外延伸的道路为轴与托玛农神庙（Thommanon）对称布局。周萨神庙在吴哥古迹中属于中小型寺庙，建筑形制端庄精巧，建筑风格呈现出均衡、层次丰富的平面式布局和主次分明的单体建筑形式，建筑形式多样，自身特色十分鲜明。

图1.13　茶胶寺

塔布隆寺位于王城东约2千米，该寺始建于1186年，是阇耶跋摩七世为纪念其母而建。塔布隆寺的建筑风格与巴戎寺相近，但寺内没有太多的浮雕，学者们认为这是因为在阇耶跋摩七世去世后，该寺被变为一座印度教寺庙，寺内的佛教浮雕作品大部分被毁的缘故。根据在寺庙中发现的一块梵文石碑的记载，塔布隆寺历史上规模巨大，像是一座微型城市，在外墙和第四道围墙间除僧侣外还住有一万多居民。今天的塔布隆寺遗址以寺内与建筑融为一体的参天巨木闻名于世，据统计寺内共有150余棵古树，属于30多个品种。

除了密集分布在吴哥通王城和吴哥窟区域的古迹，重要的吴哥古迹还包括南部的罗洛斯（Roluos）遗址和北部的女王宫（Banteay Srei）。

罗洛斯位于吴哥通王城东南约20千米，是9世纪末耶输跋摩一世迁都吴哥前吴哥王朝的早期都城，现存神牛寺（Preah ko）和巴空寺（Bakong）等寺庙是吴哥早期建筑中保存最好的。神牛寺建于880年，得名于中央庙塔前的神牛雕像。它是吴哥早期红砖风格的代表，建筑实体采用砖砌的方式，但门柱、门框、门楣、神像等已改为由砂岩石建造而成。巴空寺建于881年，是目前所知吴哥第一座用砂岩石块代替红砖的寺庙，整个建筑顶部历经重建，但确切建筑年代不详。巴空寺顶端舍利塔仍然保留了传统砖造的形式，以五层逐渐向上缩小的须弥台构建起“山”的象征，是典型的庙山建筑。在最高层的平台中央又修建了15米的高塔，并设有长900米、宽700米的环绕整个建筑的护城河。

女王宫位于吴哥通王城北部约25千米，于1914年前后被法国人发现，由于其格局小巧，建筑装饰华丽，女性雕像妩媚，被法国人认为是古代嫔妃居住的宫殿，并定名为女王宫。但根据后来发现的石碑铭文，它始建于公元967年，由国王罗贞陀罗跋摩（Rajendravarman，944—968年在位）将这片土地赐给国师雅吉纳瓦拉哈(Yajnavaraha)，后者在上面修建寺庙，供僧侣修行者居住静修。寺庙采用红砂岩，雕刻细腻精美，除大量浮雕外，还有许多透雕和半透雕，具有极强的层次感和立体感，门楣上的山花装饰也极尽华美。

图1.14　神牛寺（上左）

图1.15　巴空寺（上右）

图1.16　女王宫（下左）

图1.17　女王宫精美的山花装饰（下右）

图1.18　东池遗址（左）

图1.19　西池（右）

除了上述令人赞叹的宫殿与寺庙建筑杰作，吴哥古迹的修建和繁荣也和高度发达的水利系统密不可分。早在吴哥王朝的第三位国王因陀罗跋摩一世（Indravarman I）在位期间（877—886/889年），就在吴哥周围建造了庞大的水利灌溉系统，极大地促进了稻作农业的发展。其子耶输跋摩一世（Yasovarman I，886/889—900/915年在位）继续在吴哥地区兴修水利工程，并建造了一个长7千米、宽2千米的大型水库（即现在的东池 East Baray）。经过历代不断的修筑，今天依然能看到的古代水利工程设施还包括罗莱池（Indratataka Baray）、西池（West Baray）、北池（Jayatataka Baray）和王室浴池（Srah Srang）等。

## 第二节 吴哥古迹的申遗过程

从19世纪末开始，法国远东学院（École Française d'Extrême-Orient，简称EFEO）在吴哥进行了遗址的发掘、研究、记录以及相关保护与修复工作，直至1972年因柬埔寨政局动荡而终止。

在20世纪七八十年代柬埔寨国内战乱期间，吴哥古迹部分受到了战争的直接创伤，而长期的管理缺位，更使得非法的文物盗运猖獗一时，热带植物的快速生长和蝙蝠等丛林生物的大量排泄物也对遗址造成了伤害。

1989年，当和平曙光重现柬埔寨之后，柬埔寨联合政府主席西哈努克亲王向UNESCO提出了保护吴哥古迹的请求。UNESCO于当年派遣专家小组赴吴哥现场进行实地考察，法国、日本、澳大利亚以及泰国等东盟国家也先后在不同场合倡议UNESCO启动保护吴哥古迹项目。在这个过程当中，法国和日本逐渐成为保护吴哥国际行动的关键力量。

1990—1991年，UNESCO数次参与了吴哥的现场调研评估活动，对古迹的现状有了进一步的了解，并于1990年6月和1991年9月先后在曼谷和巴黎召开国际圆桌会议，确定优先援助的项目。日本政府对曼谷会议予以资助，并资助UNESCO委托日本的上智大学对吴哥古迹及其周边的民生情况进行调查。此外，日本政府还出资委托法国远东学院对其于1909—1972年在吴哥开展的修复和研究工作的重要报告和影像资料进行数字化和用微缩胶卷进行记录。

在巴黎的会议上，西哈努克亲王再次呼吁UNESCO协调国际力量保护吴哥古迹。与此同时，与会各方建议UNESCO协同世界遗产委员会与国际古迹遗址理事会（ICOMOS），帮助柬埔寨政府准备批准《世界遗产公约》所需的相关材料，并将吴哥古迹申报列入《世界遗产名录》。一个月后，关于柬埔寨问题的《巴黎协定》正式签署，铺平了柬埔寨国内和平以及吴哥古迹申报世界遗产的道路。

1991年11月，时任UNESCO总干事的费德里科·马约尔（Federico Mayor）出访柬埔寨，并在吴哥与西哈努克一起呼吁国际社会共同拯救吴哥。自此，“拯救吴哥”成为UNESCO在文化领域最重要的工作之一。同月，柬埔寨政府批准了《世界遗产公约》，吴哥古迹的申遗程序由此正式启动。世界遗产委员会出资委托以法国为主的国际专家组协助柬埔寨政府筹备相关申报材料。

1992年12月，在美国圣达菲召开的世界遗产委员会第16届会议上，吴哥申遗项目被正式提交。申报遗产包括吴哥、罗洛斯和女王宫三个独立的遗产区，加上统一的缓冲区，总面积约401平方千米，据统计遗产区内的居民约为22000人。

鉴于柬埔寨的特殊局势，世界遗产委员会决定免除《世界遗产公约操作指南》中规定的相关必要条件，根据标准i、标准ii、标准iii和标准iv，将吴哥古迹列入《世界遗产名录》。

而由于当时柬埔寨即将迎来30年来的首次大选，国内局势尚未完全稳定，委员会同时决定将吴哥古迹列入《濒危世界遗产名录》。委员会要求柬埔寨政府对吴哥古迹进行为期三年（1993—1995年）的深入研究，并需定期报告古迹的保护状况，还根据ICOMOS的建议，向柬埔寨政府提出以下五点要求[①]：

1. 颁布充分的保护立法；
2. 设立人员充足的国家保护部门；
3. 根据联合国国际开发计划署的勘界项目，设定永久边界；
4. 确定适当的缓冲区；
5. 建立国际保护工作的监测与协调机制。

随着吴哥古迹成为世界遗产，举世瞩目的吴哥国际保护行动也正式拉开了序幕。

① http://whc.unesco.org/en/decisions/3438.

# 第二章　吴哥古迹国际保护历程

从1993年至今，每隔10年召开一次的吴哥古迹保护政府间会议，正好将二十余年的吴哥古迹国际保护行动以10年为单元分成三个阶段。从最初聚焦于遗产本体的抢救性保护，到越来越关注吴哥及暹粒地区的民生与可持续发展，吴哥国际保护行动的三个阶段也是全球文化遗产保护理念和力量不断进步的缩影。本章将对这三个阶段工作的主要内容和特点等进行简要回顾。

## 第一节　保护的10年（1993—2003年）

在2013年推出的《吴哥保护与可持续发展国际合作20年》[①]报告中，将1993—2003年称作“保护的10年”（ten years of safeguarding）。这一阶段，柬埔寨政府在国际社会的帮助下，根据前述世界遗产委员会决议中的五条要求，逐步完善吴哥古迹保护的制度性框架，并陆续开展各重要建筑的保护项目。

1993年10月，首届保护与发展吴哥古迹国际会议在东京召开，来自柬埔寨、中国、法国、意大利、日本等国及UNESCO、亚洲发展银行、国际文物保护和修复研究

① *ICC-Angkor, 20 Years of International Cooperation for Conservation and Sustainable Development*, http://unesdoc.unesco.org/images/0022/002272/227277E.pdf .

中心（以下简称ICCROM）等国际组织的代表与会。会议通过《东京宣言》，重申了国际社会保护吴哥古迹的强烈意愿，并决定成立一个大使级别的协调委员会，作为协调各国和国际组织援助吴哥的国际协调机制。①

同年12月，由法国和日本任主席国的国际保护吴哥古迹协调委员会（International Co-ordinating Committee for the Safeguarding of the Historic Site of Angkor，以下简称ICC）在金边成立，吴哥国际保护这一有史以来国际上最大规模的全球性文化遗产跨国保护行动正式启动，先后有三十余个国家和国际组织参与其中。

1994年5月，柬埔寨政府颁布了《关于在暹粒/吴哥地区建立受保护文化区及其管理准则的王室法令》②。该法律基于吴哥古迹的分布情况，将整个暹粒省划分成五个等级的保护区划，分别是：

- 1区：古迹遗址区（Monumental Sites）；
- 2区：考古保护区（Protected Archaeological Reserves）；
- 3区：受保护文化景观（Protected Cultural Landscapes）；
- 4区：具有考古学、人类学或历史重要性的遗址（Sites of Archaeological, Anthropological or Historic interest）；
- 5区：社会经济和文化开发区（Socio-economic and Cultural Development Zone）。

其中，区域1和区域2分别是吴哥古迹作为世界遗产的遗产区和缓冲区，区域3

---

① *ICC-Angkor, 20 Years of International Cooperation for Conservation and Sustainable Development*, 124–125.《东京宣言》中文译文见附件2.1，关于《东京宣言》的评述参见第四章第一节。

② 该法令中文译文见附件3.1。

主要沿河流划定，区域4包括了不在区域1和区域2内的遗址，区域5为暹粒省的其他区域。该法令规定了每个区域的保护要求、开发控制、考古管理、旅游管理、水资源管理等内容，为暹粒/吴哥地区的保护和发展提供了框架。

1995年，柬埔寨政府颁布《关于成立负责保护与管理吴哥和暹粒地区国家机构的王室法令》（NS/RKT/0295/12号）[①]，成立了吴哥与暹粒地区保护与管理局（Authority for Protection and Management of Angkor and the Region of Siem Reap，以下简称APSARA局），作为牵头负责吴哥古迹及周边地区保护和发展事宜的政府部门，并代表柬埔寨与国际社会协调和实施保护吴哥古迹的各个项目与措施。

1996年，柬埔寨政府颁布了由国际机构协助起草的《文化遗产保护法》[②]。该法律第五条指出，在柬埔寨全国范围内，由文化和艺术部负责文化遗产保护政策的实施，但是吴哥/暹粒地区的文化遗产由APSARA局负责保护。1997年，政府又成立了专门从事文化遗产保护的警察队伍。这支队伍由法国人加以训练，隶属于内政部，与APSARA局相互合作，打击非法的发掘、偷盗和其他损毁文物的行为。1999年，柬政府颁布《关于调整APSARA局法律地位的王室法令》（NS/RKT/0199/18号），调整和完善了APSARA局的权限和职能[③]。

① http://203.189.155.100/aa/uploads/r/aicrd-repository/4/4/441/Royal_Decree_establishing_APSARA_Authority.pdf，该法令中文译文见附件3.2。

② http://www.unesco.org/culture/natlaws/media/pdf/cambodia/cambodia_roydec019626_engtno.pdf.

③ http://www.unesco.org/culture/natlaws/media/pdf/cambodia/cambodia_roydec019918_engtno.pdf，中文译文见附件3.3。

至此，吴哥古迹的保护法规、机构和区划等均得到确立，世界遗产委员会关于吴哥保护所提出的五项要求得到了满足。而伴随着这些制度性的建设，这一个10年中吴哥开展的国际合作项目主要包括古迹修复、研究与培训三个方面。

## 一、古迹修复项目

这一时期，共有10个国家和1个国际组织（世界古迹基金会）担负了14处重要古迹的保护工作，其中最受瞩目的古迹是吴哥窟，共汇集了5个国家的6支专业队伍，包括：

• 1993年，法国国家地理研究所在吴哥窟的核心建筑群上安置了地形测量监控系统，这是在吴哥国际保护框架内的首个本体保护项目。1996年，法国INDELEC公司又在吴哥窟的中央五塔上分别安装了避雷针。

• 1997年，来自德国科隆应用科学技术大学的工作队开始对吴哥窟上千处仙女雕像和浮雕作品开展保护工作。

• 1999年，日本政府吴哥保护队（Japanese Government Team for Safeguarding Angkor，简称JSA）开始对吴哥窟北藏经阁的修复工作，次年，日本的上智大学开始了对吴哥窟西堤北巷的修复工作（西堤南巷由法国远东学院于1969年完成修复）。

• 2001年，世界古迹基金会对吴哥窟“搅拌乳海”回廊展开结构稳定性调查。

• 2002年，意大利岩土工程结构工程事务所对吴哥窟西护城河于1997年坍塌的60米堤岸台阶进行修复。

其他重要的修复项目包括：

法国远东学院继续开展其于1972年由于柬埔寨政局动荡而被迫放弃的3处遗址的

图2.1　巴方寺现状（左）

图2.2　巴戎寺北藏经阁现状（右）

修复工作，即癞王台（Terrace of the Leper King，1993—1996年），斗象台北部石台（1999年完工），以及工程量巨大的巴方寺项目（1993—2011年）。

日本政府吴哥保护队于1994年开始其在吴哥的修复工作，除了上述修复吴哥窟北藏经阁外（1999—2005年），这一时期的重点工作还包括修复巴戎寺北藏经阁（1999年完工），编制保护巴戎寺的总体规划（2005年完成），以及修复十二塔中的1号塔。

2002年，印度考古局与APSARA局签订了谅解备忘录，开始实施对塔布隆寺的合作保护。世界古迹基金会则从1991年开始承担圣剑寺的非侵害性保护项目。

此外，匈牙利王室吴哥基金会在德国政府资助下于1994—1996年对神牛寺开展了保护工作；1995—1999年，印度尼西亚吴哥保护工作队对王宫的三座大门进行修复；意大利岩土工程结构工程事务所于1996年开始在比粒寺开展修复工作；2001年，瑞士工作队开始对女王宫及其周边地区开展保护与展示项目。

中国政府也是吴哥国际保护合作最早的倡导者和参与者。中国政府不仅参加了1993年首届吴哥保护国际会议，还于1998年开始派遣工作队对周萨神庙进行修复，并于2008年完工①。

## 二、研究项目

吴哥保护修复项目的开展始终伴随以严谨的研究工作。如远东学院在修复癞王台、斗象台北石台和巴方寺的过程中，通过研究，对这3处古迹的断代做出了重要修正。而在修复巴戎寺的过程中，日本队也展开了多次考古发掘，并对微笑佛像的含义进行了重点研究。作为修复工作的拓展，1996—2004年，日本队每年都会举办巴戎寺保护国际研讨会。

这一时期开展的其他重要研究工作包括1995年召开“吴哥与水”学术研讨会、1997年成立吴哥国际记录中心、1999年成立高棉研究中心等等。这一系列的行动为各个学科的专家提供了良好的交流与分享平台。

此外，法国远东学院在吴哥通王城中开展的研究工作，加上日本队在十二塔区域的考古发现，大大改变了人们对王城布局的了解，吴哥也开始被人们称为“中古时期的纽约”。而在更广泛的吴哥古迹外围地区，由悉尼大学主持的跨学科系统研究发现，在吴哥世界遗产区域之外有多个人类居住区，这让人们得以了解吴哥时期“卫星村镇”的范围及其农业生产的巨大空间，从而以全新的视角窥见吴哥在全盛时期的经济和社会组织形态。

---

① 周萨神庙的修复情况详见第七章第一节。

## 三、培训

如在《东京宣言》上阐明的，国际社会致力于帮助柬埔寨人民最终接过吴哥古迹的保护与开发工作，而培训在其中就至关重要，并在以下方面得到体现：

- 这一时期，在吴哥进行的所有双边或多边项目中都包含开展培训的内容。
- 国际社会提供培训奖学金，帮助APSARA局的管理人员和柬方工作队人员接受短期国外（德国、印度尼西亚、法国、日本等）或国际组织（如ICCROM等）的培训。
- 在UNESCO日本信托基金的资助下，由柬埔寨文化和艺术部与UNESCO合作，于1993年起对柬埔寨王室艺术大学考古与建筑学系进行大学教育改革。
- 向考古学与建筑学学生提供奖学金，帮助他们获取国外（如埃及、美国、法国、日本等）硕士学位。

在各个培训项目中尤其值得一提的是1999年在塔内寺（Ta Nei）举行的培训。当年，为招募合格职员，APSARA局与UNESCO、ICCROM等机构合作，在塔内寺工地开办培训课程。这一跨学科项目历时5个月，向20名学员颁布了高等教育学历。APSARA局还将其中最出色的学生招致麾下以加强队伍建设，并后续在塔内寺开办了多期培训。

2000年起，APSARA局还从法国借调建筑师和考古学家，其主要任务之一就是对APSARA局古迹与考古司的年轻建筑师、考古学者和工程师提供高质量的实地培训。

## 第二节　可持续发展的10年（2003—2013年）

得益于第一阶段对于吴哥古迹本体的抢救性保护，2004年7月，在苏州召开的世界遗产委员会第28届会议上，世界遗产委员会鉴于吴哥古迹“在遗产物理状态保护方面已取得的明显进步，以及柬埔寨APSARA局在遗产管理与监测方面取得的成就”，宣布将其从《世界濒危遗产名录》中移除[①]。

随着最迫切的本体保护问题的初步解决，作为周围生活着众多居民的活态遗产，吴哥古迹的可持续发展问题被放到更重要的位置。

事实上，在第一个10年中，与吴哥古迹相关联的民生问题就已经得到柬埔寨政府和国际社会的关注。柬埔寨政府在1993年制定的5年紧急计划中，就提出要让生活在吴哥古迹的当地民众参与到保护其文化和自然环境的工作中来，当年在东京召开的国际援助吴哥政府间会议也被称为吴哥古迹保护与发展政府间会议。而在1994年颁布实施的《关于在暹粒/吴哥地区建立受保护文化区及其管理准则的王室法令》中也指出，区域5包含了整个暹粒省，其划定目的就是鼓励该地区的可持续发展，并评估其对环境的影响，从而保护文化和自然遗产。但总的说来，古迹的遗产本体仍然是吴哥国际保护第一阶段的主要关注对象。而随着柬埔寨国内局势的日渐稳定，尤其是经过1998年大选人民党单独执政之后，政府对于经济发展变得更加重视和急切，这也间接影响到吴哥古迹的保护工作。

---

① http://whc.unesco.org/en/decisions/164.

图2.3　第28届世界遗产委员会会议

面对吴哥古迹每年增长迅速的国内外游客，柬埔寨政府数次在国际场合表达了对于吴哥地区旅游相关产业发展缓慢的不满。2001年，原先的APSARA局局长被撤职，APSARA局也随之进行人员重组，将更多精力投入吴哥地区的经济发展。与此同时，柬埔寨政府宣布2002—2012年为吴哥发展的10年，期间将应对三大挑战：脱贫、稳定的经济发展、品质生活[①]。

① Anne Lemaistre and Sebastien Cavalier, Analyses and management prospects of the international Angkor programme. *Museum* 54(1&2): 123.

面对这一时代趋势，为了调和国际文化遗产界和柬埔寨政府对于“发展”的不同认识，ICC把“可持续发展”的概念提到了更重要的位置，并且在每年的会议中增加对于吴哥—暹粒地区经济、社会和环境方面议题的讨论。以此为基础，2003年11月在巴黎召开的第2届保护吴哥古迹国际会议上，与会各方一方面对过去10年吴哥保护所取得的成绩予以认可；另一方面，则指出了可持续发展在吴哥保护中的重要性，并专门就可持续发展和脱贫问题提出了相关建议①。以此次会议为标志，吴哥国际保护合作拉开了第二个10年的序幕。2003—2013年，也被称为“可持续发展的10年”（Decade of Sustainable Development）。

这一时期，吴哥及其周边地区的民生和发展问题被提升到一个新的高度。一方面，由APSARA局牵头，联合各国合作伙伴，对吴哥和暹粒地区的古代水利设施及当代城市基础设施等进行了大规模的修复或改造，从而确保吴哥古迹的保护和旅游开发能够造福当地百姓。如APSARA局牵头对从16世纪就干涸至今的北池进行修复和重新蓄水，并对其周边环境进行整治。通过这一努力，APSARA局既开辟了新的旅游线路，让游客的体验得到丰富，也让北池附近的居民因此受益，其生活质量因为供水的改善而得到提高；同时，蓄水也能够补充当地的地下水，有利于保持古迹地基的稳固，一举多得。

---

① *ICC-Angkor, 20 Years of International Cooperation for Conservation and Sustainable Development*, 126-129.《巴黎宣言》及会议建议译文见附件2.2，相关评述参见第四章第一节。

图2.4　北池现状

另一方面，APSARA局联合相关国家与专业机构，开展了一系列旨在改善当地居民民生的项目。如APSARA局和新西兰政府合作于2006—2012年创建了高棉居住地阐释中心（Khmer Habitat Interpretation Center），展示传统的高棉民居，当地居民可以在此学习传统的建筑和耕种技艺。与此同时，APSASA局还在日本和新西兰的支持下，面向当地村民、佛教徒、导游等开展遗产教育，并先后启动了吴哥遗产管理框架与吴哥参与性自然资源管理和生计项目等项目，更好地明确了吴哥遗产所面临的综合性问题，并采用跨学科的方法加以应对[①]。

① 有关这两个项目的内容将在第四章中进行专门的探讨。

除了以上可持续发展项目，这一时期吴哥古迹的本体修复项目也继续稳步进行，如印度队继续开展塔布隆寺的修复项目，而中国队则在完成周萨神庙的修复项目后，开始了对茶胶寺的修复。

与此同时，这一阶段开展的研究项目的广度和深度也较前一阶段有新的发展，远远超出了吴哥古迹的文物本体及遗产区本身。

如由澳大利亚悉尼大学主持的“从稻田到寺庙：吴哥起源项目”，旨在通过大范围的考古勘察与挖掘，分析吴哥王国兴起的社会政治要素，包括对贸易和交易网络的控制、定居地的转变与发展、军事力量的兴起、通过剩余物资分配取得的社会地位，以及对关键资源的特权控制等。而由APSARA局、悉尼大学和法国远东学院联合开展的“大吴哥考古研究”（Archaeological Research on Greater Angkor）项目则主要致力于通过跨学科的研究手段揭示吴哥的荒废过程，以及16—19世纪吴哥地区的变迁。

2003—2013年吴哥主要国际援助项目见表2.1。

表2.1　2003—2013年吴哥主要国际援助项目一栏[①]

| 编号 | 团队 | 项目名称 |
| --- | --- | --- |
| 可持续发展项目 | | |
| 1 | APSARA局 | 高棉聚居地展示中心 |
| 2 | | 遗产教育 |
| 3 | | 制订土地使用与登记计划 |
| 4 | | 北池（阇耶塔塔迦）修缮项目 |
| 5 | | 西池修缮项目 |
| 6 | | 吴哥水利系统修缮项目 |
| 7 | APSARA局、法国吴哥爱好者协会 | 吴哥与暹粒供水开发和管理 |
| 8 | APSARA局、柬埔寨遗产培训中心、法国驻柬埔寨大使馆、法国夏约学院 | 遗产培训中心：遗产技术区域培训项目（柬埔寨、老挝、越南） |
| 9 | APSARA局、新西兰外交与贸易部 | 吴哥参与性自然资源管理和生计项目（APNRM&L） |
| 10 | APSARA局、UNESCO澳大利亚信托基金、澳大利亚GML公司 | 吴哥遗产管理框架 |
| 11 | APSARA局、日本金泽大学 | 吴哥地区及其周边环境研究（ERDAC项目） |
| 12 | | 洞里萨湖生物多样性维护机制评估（EMSB项目） |
| 13 | ICCROM | 塔内寺考古培训 |
| 14 | | 世界遗产地研究与保护项目 |
| 15 | 柬埔寨暹粒供水管理局、日本国际合作局（JICA） | 暹粒供水系统扩建项目 |
| 16 | 意大利帕勒莫大学 | 图像遗产保护与修复国际培训项目 |
| 研究、修复与保护项目 | | |
| 17 | 印度考古局 | 塔布隆寺建筑群保护与修复项目 |
| 18 | APSARA局 | 铁器和炼铁遗址研究项目 |
| 19 | | 大吴哥地区岩画研究项目 |
| 20 | APSARA局、瑞士发展与合作局（SDC） | 女王宫寺庙保护项目 |
| 21 | APSARA局、德国国际合作机构（GIZ） | APSARA石刻保护单元与培训计划 |

① *ICC-Angkor, 20 Years of International Cooperation for Conservation and Sustainable Development:41-48.*

（续表）

| 编号 | 团队 | 项目名称 |
|---|---|---|
| 22 | APSARA局、法国远东学院 | 西湄奔寺修复项目 |
| 23 | APSARA局、法国远东学院、澳大利亚悉尼大学、柬埔寨机场公司、匈牙利印度支那公司、考古与发展基金会、日本—APSARA吴哥保护队、世界古迹基金会 | 高棉考古学激光雷达联合会运行项目 |
| 24 | APSARA局、意大利岩土工程结构工程事务所、UNESCO意大利信托基金 | 吴哥窟修复项目 |
| 25 | | 比粒寺修复项目 |
| 26 | APSARA局、奈良文化财研究所 | 西寺保护项目 |
| 27 | APSARA局、东京文化财研究所 | 塔内寺保护联合研究项目 |
| 28 | APSARA局、法国国家预防性考古研究中心、柬埔寨机场公司 | 暹粒机场区域预防性考古项目 |
| 29 | APSARA局、新加坡东南亚研究院 | Torp Chey棕釉石器窑址发掘项目 |
| 30 | APSARA局、泰国艺术大学、泰国Chulachomklao王室军事学院 | 现存吴哥道路项目 |
| 31 | APSARA局、澳大利亚悉尼大学、法国远东学院 | 大吴哥考古研究项目 |
| 32 | 中国政府吴哥保护队 | 周萨神庙保护修复项目 |
| 33 | | 茶胶寺保护修复项目 |
| 34 | 法国远东学院 | 柬埔寨国家博物馆雕像保护修复培训会 |
| 35 | | 吴哥首都考古：城市考古研究项目 |
| 36 | | 贡开（Koh Ker）考古项目 |
| 37 | | 法国-高棉吴哥地区开发考古项目（MAFKATA） |
| 38 | | Yaçodharaâçrama项目：耶输跋摩一世âçrama考古与铭文研究项目 |
| 39 | | 巴方寺修复项目 |
| 40 | 日本UNESCO协会全国联合会 | 吴哥社区学习中心项目 |
| 41 | | 巴戎寺堤道和外廊纳迦像和Shingha像修复项目 |

（续表）

| 编号 | 团队 | 项目名称 |
|---|---|---|
| 42 | 德国—APSARA维护项目（GACP） | 吴哥窟浮雕保护项目 |
| | | 贡开与崩密列散落部件保护项目 |
| | | 吴哥灰泥保护项目 |
| | | 吴哥与贡开砖质寺庙彩画和壁画调查与保护项目 |
| | | 荔枝山Srah Damrei雕像调查与保护项目 |
| | | 巴空寺保护项目（砖塔） |
| | | 布寺林迦保护项目 |
| | | 豆蔻寺保护项目（砂岩浮雕、铭文、内部浮雕、彩画） |
| | | 神牛寺保护与修复项目 |
| 43 | 日本—APSARA吴哥保护队、UNESCO日本信托基金 | 巴戎寺保护项目 |
| 44 | 法国地球物理与地理环境实验室、法国布莱斯·帕斯卡大学、法国国家科学研究中心 | 茶胶寺周边森林砍伐加速砂岩风化研究项目 |
| 45 | 日本上智大学吴哥国际使团 | 斑黛喀蒂寺研究、修复与保护项目 |
| 46 | | 吴哥窟研究、修复与保护项目 |
| 47 | 匈牙利王室吴哥基金会 | 罗洛斯项目 |
| 48 | 德国伯恩大学 | 吴哥铭文调查项目 |
| 49 | 澳大利亚悉尼大学 | 从稻田到寺庙：吴哥遗产起源研究项目 |
| 50 | | 吴哥雕像研讨会项目：罗洛斯、吴哥通王城、荔枝山 |
| 51 | 美国世界古迹基金会 | 吴哥窟、巴肯寺、圣剑寺修复项目 |
| 52 | ICC | 编写《吴哥宪章》 |
| 修复与可持续兼顾的项目 | | |
| 53 | 英国考古与开发基金 | 荔枝山项目 |
| 54 | APSARA局、瑞士Holcim集团公司 | 巴肯窟Vihear及其壁画修复项目 |
| 55 | APSARA局、UNESCO/JetTour信托基金 | 王室浴池建筑群加固与修复项目 |
| 56 | 匈牙利印度支那公司 | 贡开项目 |
| 57 | 捷克GOPURA II项目组 | 空中宫殿捷克修复学校 |
| 58 | 澳大利亚悉尼大学 | 与遗产共生活研究项目 |

## 第三节　新的征程（2013年至今）

经过上述两个10年的实践，人们对于吴哥古迹及其保护的特殊性和复杂性有了非常全面而深刻的认识。如在2009年推出的《吴哥保护与可持续发展国际合作15周年报告》[①]中指出的，吴哥古迹及其周边区域具有以下特点：

- 它是一个以历史悠久的宏伟古迹和城市遗迹为特色的考古公园，在遗址和古迹间的景观中遍布古老的建筑物（古老的交通要道、人工湖、护城河和运河、桥梁）或新建设施（寺庙周边地区引道和通路）;
- 它拥有与古迹融为一体的自然环境，包含森林、各种地貌景观（荔枝山平原和多个山脉或丘陵）与历史悠久的水利系统；
- 它是10万人居住和工作的地方，这片由112个村庄组成的遗址共有400平方千米（列入《世界遗产名录》的范围），居民主要从事农业，也从事家庭手工业和小型贸易活动;
- 它是活跃的宗教空间，很多佛塔仍处于使用中；
- 它是著名旅游胜地，随着研究、保护、展示和宣传工作的推进，增加了可看的地方和可做的事，现已越来越受到欢迎；
- 暹粒市是与考古公园交界的居住地，此城市中心区在吴哥旅游业的带动下迅猛发展。

由此可见，吴哥古迹不仅是一处伟大的文化遗产，拥有众多的古迹和考古遗址，还是一处有着丰富河流、水库、森林和稻田资源的自然地带和分布有100多个村庄、

---

① *ICC-Angkor, 15 Years of International Cooperation for Conservation and Sustainable Development*, http://unesdoc.unesco.org/images/0018/001890/189010E.pdf.

居住有十余万居民的生活地带，并且仍然具有神圣的宗教功能。与此同时，吴哥地区还面临着与日俱增的外来旅游压力。而这种综合性的认识，也通过2012年的回顾性突出普遍价值声明[①]，得到了UNESCO的官方肯定。

该文件指出，“吴哥是一处展示着文化、宗教和象征价值的重要遗址，并有着重要的建筑、考古和艺术意义”。同时，该文件细化了对于吴哥突出普遍价值的论述：

• 标准(i)：吴哥建筑群代表公元9—14世纪的完整高棉艺术，其中包括众多毫无争议的艺术杰作（如吴哥窟、巴戎寺、女王宫）。

• 标准(ii)：在吴哥的发展对高棉艺术独特的演进史起了关键作用，并深远影响了东南亚的大部分地区。

• 标准(iii)：公元9—14世纪的高棉帝国疆域包括东南亚大部，影响了该地区的政治和文化发展。丰富的砖石结构宗教建筑是该文明的所有遗存。

• 标准(iv)：高棉建筑很大程度上由印度次大陆建筑风格演化而来，很快形成了自己的独有特点，有些是独立发展的，有些吸纳了邻近的文化传统，其结果是形成了东方艺术和建筑中的独特艺术风格。

此外，该文件还指出，吴哥古迹面临的主要内外部压力分别是遗址内居住的村民以及城市发展和旅游压力。

在此基础上，2013年12月，第三届吴哥古迹政府间会议在柬埔寨暹粒召开。会议回顾了上一个10年吴哥国际保护的成果，通过了《吴哥宣言》及会议建议，对下

---

① http://whc.unesco.org/en/list/668/，中文译文见附件3。

图2.5 柏威夏寺

一个10年的吴哥国际保护合作予以展望。《吴哥宣言》指出，未来的10年仍然面临许多挑战，包括处理急剧增长的游客人数带来的影响、进行有效的水利资源管理、防止气候变化对遗址造成破坏等等。其他议题，如鼓励社会参与和提高保护技术工艺水平（包括使用创新科技，加强职业培训和能力建设）等，也必须得到充分解决。文件还专门指出，"国际合作伙伴继续支持柬埔寨王国APSARA局的工作，以此方式逐步巩固其运作，从而在下一个10年结束时，成为一个自立的组织"[①]。

① http://www.mofa.go.jp/mofaj/files/000034877.pdf，《吴哥宣言》中文译文见附件2.3，内容评述见第四章第一节。

从2013年至今，吴哥古迹的国际保护行动稳步向前推进，并吸引了更多的合作伙伴，如韩国文化遗产基金会启动了圣皮度寺（Preah Pithu）保护项目，APSARA局的能力也到了持续的提高。

在这一时期，还值得一提的是，由于吴哥国际保护所树立的成功典范，经柬埔寨政府的一再争取，从2014年起，UNESCO针对柬埔寨另一处世界遗产柏威夏寺，也成立了类似的国际援助机制[①]。吴哥国际保护的经验，未来也必将在柬埔寨国内外产生更加深远而广泛的影响。

---

① http://unesdoc.unesco.org/images/0023/002306/230601e.pdf.

## 第四节 国内外研究概述

### 一、国际上的主要研究成果

国际上对于吴哥国际保护行动的研究主要可以分为两大方面，即对于吴哥古迹本体保护历史、技术、方法、理念等的回顾、探讨与总结，和对于吴哥古迹可持续发展的研究。

前者的集大成制作就是《吴哥宪章》。面对吴哥古迹这样一处巨大的遗产，为了让世界各国的工作队和参与者能够取长补短、遵循统一的标准和理念，从而更有效地对其进行保护，同时又兼顾管理方、旅游者以及周边城市的发展需求，从2002年起，以ICC保护专家小组成员为主，联合参加吴哥修复的各国主要专家学者，历经10年，于2012年完成了《吴哥宪章》的编写。它为开展吴哥古迹保护修复指明了应遵循的理念、原则和行动纲领的技术文件，有力推动了吴哥古迹的保护工作。①

由法国远东学院出版的《沧桑百年：远东学院与柬埔寨》②一书，系统回顾了从1898年开始，法国远东学院在百余年中所开展的吴哥保护与研究工作。法国远东学院的工作贯穿了吴哥古迹发现、研究和保护的整个历程，书中对于法国远东学院在吴哥工作的回顾，某种意义上也是整个吴哥古迹保护历史的缩影。

---

① http://www.unesco.org/fileadmin/MULTIMEDIA/FIELD/Phnom_Penh/pdf/angkor_charter_rev_jul_2014-en.pdf, 对《吴哥宪章》的评述参见第四章第一节。

② Franciscus Verellen: Un Siecle D'histoire-L'ecole Francaise D'Extreme-Orient et Le Cambodge, Magellan et Cie, 20 May 2011.

而针对吴哥古迹的可持续发展问题，有不少文章关注到了其活态和宗教属性，提出要用更为多元的方式对其进行保护①，也有学者研究了吴哥迅速发展的旅游产业所带来的一些问题，并通过对当地居民的访谈和调查，指出应该让旅游业更好地造福当地百姓②。

吴哥的可持续发展问题也得到了各国际组织和世界各地科研机构的关注。2008年，环太平洋城市发展协会在暹粒召开了以“暹粒：在吴哥阴影下的城市发展”为主题的年会，会议从“价值与意义”、“组织构架与约束”、“旅游与保护策略”、“经济与社会投资”、“展望”五方面议题为吴哥与暹粒地区的可持续发展问题建言献策。2008—2011年，德国哥廷根大学在柬埔寨开展了“建构‘世界遗产’的过程——以柬埔寨吴哥为例”的研究项目，并出版了《吴哥世界遗产——柬埔寨世界遗产的情况与意义》一书，通过翔实的第一手调研资料，探讨了吴哥古迹列入世界遗产后对于遗产保护、民众生活等各方面的影响③。

---

① 如Keiko Miura的文章*Conservtion of a "living heritage site": a contradiction in terms? A case study of Angkor World Heritage Site* (*Conservation and Management of Archaeological Sites*, 7(1), (2005) 3–18)，及Britt Baillie 的文章*Conservation of the sacred at Angkor Wat: further reflections on living heritage* (*Conservation and Management of Archaeological Sites*, 8(3), (2006) 123–131) 等。

② 如Vannarith CHHEANG的文章Tourism and Local Community Development in Siem Reap, *Ritsumeikan Journal of Asia Pacific Studies*, 2010, 27(1)；及Tim Winter的文章Post-conflict Heritage and Tourism in Cambodia: The Burden of Angkor, *International Journal of Heritage Studies*, 2008, 14(6).

③ Brigitta Hauser-Schäublin (ed.), *World Heritage Angkor and Beyond—Circumstances and Implications of UNESCO Listings in Cambodia*, Universitätsverlag Göttingen, 2011.

## 二、国内的主要研究成果

除了介绍柬埔寨及吴哥古迹的普及性读物，国内与吴哥保护和研究相关的专著主要来自代表我国承担了吴哥保护项目的中国文化遗产研究院（包括其前身中国文物研究所）团队。早年的研究成果主要体现为项目参与者的期刊和会议论文，他们以亲身经历为基础，对吴哥项目中所展现的中外文物保护理念进行了比较[①]，并对周萨神庙的考古和研究情况进行了介绍[②]。

而从2010年前后起，随着茶胶寺工程正式开工，国内对于吴哥保护的研究进入了一个新的阶段，深度和广度都有较大拓展。基于现场工作的开展和与国外同行交流的深入，中国学者对其他国家，特别是日本和法国保护工作的历史和成功经验进行了回顾和总结。如有学者对法国远东学院百年以来从事吴哥古迹学术研究与保护的实践进行了回顾和述评[③]，或对日本队的保护与修复工程报告书的内容和特点进行详细介绍，分析其管理和技术体系，从而为我国遗产记录体系的建立提供参考[④]；还有学者将

---

① 如姜怀英所写《古建筑保护理念的探索与实践——参与吴哥遗迹维修保护工程的几点体会》（中国紫禁城学会论文集第四辑）与《吴哥古迹保护的中国特色》（2009年中国文物保护技术协会第六次学术年会论文）。

② 如中国文物研究所、中国社会科学院考古研究所编写的《吴哥遗迹周萨神庙考古报告》（《考古学报》，2003年第3期，第427—458页）和中国文物研究所编著的《周萨神庙（世界遗产柬埔寨吴哥古迹）》（文物出版社2007年版）。

③ 温玉清：《法国远东学院与柬埔寨吴哥古迹保护修复概略》，《中国文物科学研究》2012年第2期，第45—49页。

④ 狄静雅、王其亨：《日本建筑遗产保护工程报告书体系的启示——从柬埔寨吴哥古迹保护与修复工程谈起》，《新建筑》2009年第6期。

吴哥保护作为博士论文的主题，在全面收集吴哥古迹已有研究成果的基础上，通过研究和分析，再现了吴哥艺术史及保护研究的历史发展脉络①；也有研究国际关系的学者从区域公共产品的理论视角分析了日本在吴哥古迹的国际援助，从中透视日本的文化外交及其国际政治意义②。

而随着对于工程过程中研究工作的重视，文研院团队更是推出了一批具有国际影响力的专著。如文研院援柬工作队前负责人温玉清所著《茶胶寺庙山建筑研究》一书对百余年来吴哥古迹的保护研究历程，尤其是茶胶寺保护研究历史及其沿革和建造背景进行了系统回顾，基于用三维激光扫描技术完成的茶胶寺庙山建筑测绘所取得的阶段性成果，对茶胶寺庙山的整体布局与建筑性质进行了细致的记录和描述，并在此基础上对茶胶寺建筑性质和空间布局等进行了初步的建筑复原研究，还对茶胶寺庙山建筑的营造尺度与设计方法进了探讨。③

同时，文研院还协同APSARA局和柬埔寨金边王室艺术大学等，对茶胶寺及其周边遗址进行了调查、勘探和发掘，积极开展茶胶寺埋藏基础的探地雷达物探空间信息技术探测及出土陶瓷片和图样的科技检测，并出版了考古报告④。而同样由文研院推出的《茶胶寺修复工程研究报告》主要是在整理、修订、归纳、汇总、完善工程项目的前期研究、方案设计、维修施工三个阶段的成果基础上编撰而成。该书对茶胶寺修复

① 伍沙：《20世纪以来柬埔寨吴哥建筑研究及保护》，天津大学博士学位论文，2014年。

② 贺平：《区域功能性合作与日本的文化外交——以吴哥古迹保护修复为中心》，《日本问题研究》2014年第4期，第18—26页。

③ 温玉清：《茶胶寺庙山建筑研究》，文物出版社2013年版。

④ 中国文化遗产研究院等编著：《柬埔寨吴哥古迹茶胶寺考古报告》，文物出版社2015年版。

工程的前期工作进行了总结，对茶胶寺修复工程的施工过程进行了详细介绍，并在此基础上分析了项目的技术难点、项目管理与施工组织、展示与宣传，以及国际合作与交流等方面的内容[①]。

### 三、对于研究成果的评价

通过以上回顾可以看到，基于吴哥古迹二十余年来的保护实践，对于吴哥保护行动的研究也取得了丰硕的成果。尤其是国外的研究成果，呈现出跨学科、综合性的特点，与保护工作相辅相成。国内的研究成果在近年来也呈现出多点开花、突飞猛进的态势，成绩喜人。但总体来说，相比国外，国内的研究还主要集中于文物本体的保护，有必要增加可持续发展方面的研究，从而丰富我国吴哥研究及文化遗产保护的整体视野。与此同时，到目前为止，国内也较少有学者对于二十余年来吴哥国际保护行动的运行方式和成功经验进行研究。这些方面，都将是本书重点关注的地方。

---

① 许言编:《茶胶寺修复工程研究报告》，文物出版社 2015 年版。

N← PI.74
PI.75

PHNOM PENH HANDICRAFT
N← P.W.7.1
N← P.W.7.3
N← P.W.7.4
N← P.W.7.5
N← P.W.7.6

# 中 篇

## 吴哥与暹粒地区保护与管理局（APSARA局）与吴哥古迹保护

成立于1995年的APSARA局，既是吴哥古迹国际保护行动的重要成果，也是代表柬埔寨政府和吴哥古迹遗产地参加这一行动的主要力量，而APSARA局的成长与发展，一方面与保护行动的阶段性工作重点及主流的文化遗产保护理念密不可分，另一方面也对保护行动的开展产生了重要影响。本篇第三章对APSARA局的成长过程予以回顾，对其主要工作成果和历史上产生的一些问题加以总结，并对其未来进行展望。在此基础上，第四章分析了保护吴哥古迹的法律法规体系，并对吴哥遗产管理框架及吴哥旅游管理规划等重要项目展开专题研究。

# 第三章 APSARA局历史与现状研究

## 第一节 APSARA局的历史

### 一、APSARA局的成立

在成为世界遗产前，吴哥古迹的保护主要由柬埔寨政府文化和艺术部下属的吴哥保护办公室（Angkor Conservation Office）负责。但吴哥地区的复杂性和保护的迫切性决定了必须提高保护机构的等级和职责范围。因此，如第一章所述，当世界遗产委员会于1992年将吴哥古迹列入《世界濒危遗产名录》时，所提出的五点要求之一就是设立人员充足的国家保护部门。据此，柬埔寨政府决定为吴哥的保护新设立一个国家级的机构，并于1995年2月颁布王室法令，宣布正式成立APSARA局[①]。

根据该法令，APSARA局的地位极高，其管理委员会的联席主席由当时柬埔寨联合执政的第一首相和第二首相联合担任，委员会的成员包括各相关部委，如公共事务和交通部、经济和财政部、文化和艺术部、外交和国际合作部、旅游部、环境部、规划部等的大臣或代表及暹粒省的省长或其代表。该法令还规定，APSARA局负责整个暹粒省内的重要遗址管理和旅游发展事宜，为此，APSARA局将作为相关管理和行政部门之上的伞状组织。

---

① http://203.189.155.100/aa/uploads/r/aicrd-repository/4/4/441/Royal_Decree_establishing_APSARA_Authority.pdf，该法令中文译文见附件3.2。

这一法令显示出柬埔寨政府对于吴哥古迹的极度重视，但是，其对于APSARA局权限的规定被事实证明还有待优化。

这一时期，APSARA局由六个部门构成，包括办公厅、考古与古迹司、吴哥旅游开发司、暹粒省/吴哥地区经济与社会发展司，以及暹粒省/吴哥地区城市规划与发展司，这五个司分别由一位副局长分管，第六个司为研究与高棉文化司，由局长直接分管。此时的APSARA局内部，只有几位从欧洲，主要是法国回国的专业人员，以及一些国际顾问，部门自身在人员、技术、资金等资源方面全方位匮乏。

此外，当时整个吴哥古迹的管理体系也较为松散。虽然APSARA局接管了吴哥保护办公室对于吴哥遗址的管辖职能，后者主要负责可移动文物的相关保护，但相互之间仍要通过文化和艺术部进行协调，而该办员工对被置于APSARA局之下也普遍表示不满。暹粒省政府以及柬埔寨公共建筑和运输部也常常对APSARA局持忽视态度，在保护区划范围内违反区划法规的规定对酒店和其他建设行为等颁布建筑许可。此外，虽然对于吴哥古迹的旅游管理职能被从旅游部转移到APSARA局，但后者仍需与环境部、旅游部以及暹粒省的国土管理、城市规划以及建设委员会进行合作，旅游部也仍然与省政府以及文化和艺术部一起共同负责吴哥地区的剧场表演；而负责吴哥地区文化遗产保护工作的文化遗产警察队伍则隶属于内政部，常常未与APSARA局沟通，便在遗产区域内禁止当地居民的许多传统做法，引发了一些矛盾。[①]

① Brigitta Hauser-Schäublin (ed.), World Heritage Angkor and Beyond—Circumstances and Implications of UNESCO Listings in Cambodia, Universitätsverlag Göttingen, 2011:20-22.

## 二、APSARA局的成长

1998年，柬埔寨举行大选，结束了先前由人民党与奉辛比克党组成的联合政府，人民党单独执政，政局进一步稳定。针对此前由于机构设置所导致的吴哥保护中的实际问题，柬埔寨于1999年1月再次颁布王室法令①，调整和完善了APSARA局的权限和职能。

根据该法令，APSARA局负责吴哥地区的保护、保存和宣传，针对世界遗产的国际义务，APSARA局是整个吴哥古迹范围内唯一有权批准建设的机构，并被授权在所有有关吴哥古迹的会议、活动和谈判中代表柬埔寨王室政府，有权签署有关吴哥古迹的协议、公约或合约。与此同时，该法令对于APSARA局的财务收支权力进行了明确。如法令中规定吴哥古迹的门票收入，区域内相关摄影、电影拍摄和文化艺术活动等的收入，以及相关资产的租赁收入等都归APSARA局所有。

而为了对吴哥地区展开全面有效的保护、管理和开发，并与国际社会形成富有成效的行政管理合作关系，该法令也调整了APSARA局的内部构架，并调整了其管理委员会的组成，委员分别来自内阁办公厅、文化和艺术部、内务部、经济和财政部、旅游部、环境部、国土管理、城市规划和建设部、公共事务和交通部以及暹粒省。管理委员会的主席初期由APSARA局局长担任。2004年9月，柬埔寨政府任命第一副首席索安为APSARA局主席，并于同年颁布了《关于在吴哥地区一类和二类区块设立土地利用标准的决定》，严格禁止其他政府部门妨碍APSARA局行使其职权，并对所有非法的土地或遗产利用提出警告。通过上述法律和人事安排，APSARA局逐步获得了吴哥地区的完整管理权。

---

① http://www.unesco.org/culture/natlaws/media/pdf/cambodia/cambodia_roydec019918_engtno.pdf，该法令中文译文见附件3.3。

此后，为了更好地行使其职责，APSARA局新成立了三个部门，分别是古迹与考古二司、水资源与林业司以及人口统计与发展司。古迹和考古二司主要负责编制吴哥地区的土地利用规划，用以控制村庄的建设行为。水资源与林业司则负责管理吴哥区域的水路网络和森林资源。为了满足居民对木材和采摘的需求，该司在缓冲区内划定了临时区域，用以种植果树和炭薪林，并雇佣当地居民从事造林、森林和运河河道清洁、堆肥等工作。人口统计与发展司则主要负责人口普查以及吴哥居民的生产事宜。该司向村庄派出农学家，培训村民用新的生物肥料来种植稻米，同时还组织开垦试验田，开发技术来种植西方蔬菜，以满足国外游客的需求。

与此同时，APSARA局还在办公厅内设立了传播处，其主要职能是改善APSARA局与当地民众及僧侣之间的沟通。该处针对遗产和可持续发展组织相关活动，并且面向APSARA局员工、遗产警察、学生、僧侣等举办相关培训。传播处还在遗产区划边界设立界桩，介绍相关禁令，并设立邮箱及开通交流热线，通过电台、电视和报纸宣传APSARA局的政策和工作。此外，APSARA局还牵头组建了联合执法组，成员包括军警、民警、遗产警察，以及暹粒省土地注册厅和林业厅的代表，用以打击吴哥古迹内的土地占用、非法建设和无政府行为。

## 第二节　APSARA局的运行机制

### 一、APSARA局的组织构架

2008年5月，APSARA局再次进行了重组，根据吴哥保护与发展的实际问题，进一步细化了内设部门的配置，以保证对所有与古迹相关的领域进行管理，并能对遗产地居民的社会和经济福利给予足够的重视和保障。古迹与考古二司被改名为土地规划与住所管理司，人口统计与发展司变成了农业与社区发展司，水资源与林业司被一分为二，分别成为水资源管理司和林业、文化景观与环境管理司，执法部门变成了公共秩序与合作司，传播处也升级成为外联司。在此基础上，APSARA局逐渐形成了今天15个部门的组织构架。

### 二、APSARA局的职能和管辖范围

从上文的回顾可以看出，APSARA局的发展紧紧依托于吴哥古迹保护的实践，其部门构架、专业职能等都反映了吴哥古迹保护与发展的最新需求。根据APSARA局网站[①]，目前该局主要承担以下职能：

- 保护暹粒/吴哥地区的国家文化遗产；
- 构想和领导暹粒/吴哥地区文化旅游的发展；

---

① http://apsaraauthority.gov.kh/?page=detail&menu1=422&menu2=752&ctype=article&id=752&lg=en.

表3.1 柬埔寨吴哥古迹保护管理局组织机构[①]

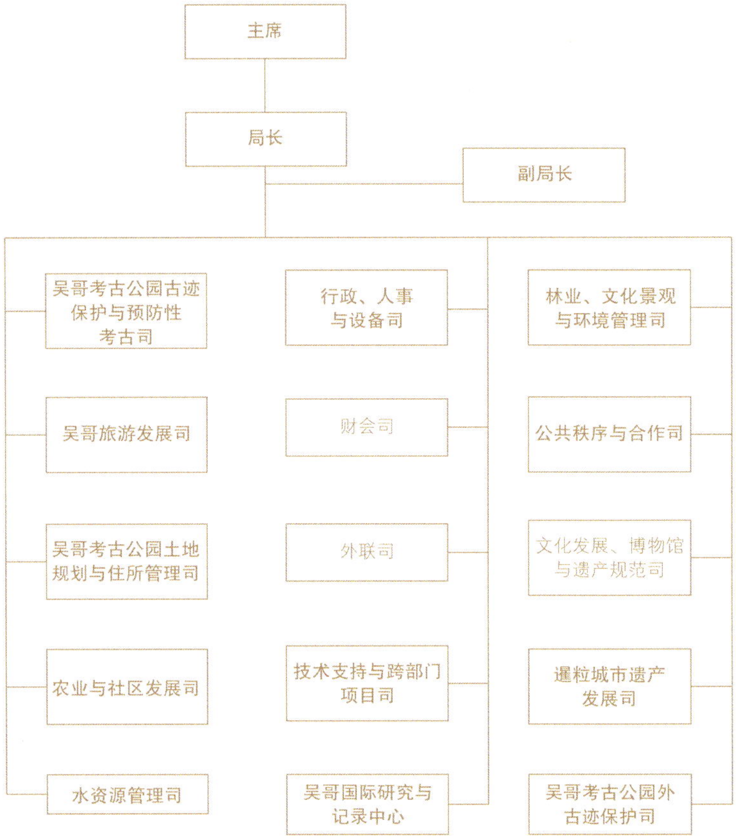


① 标黑的司有一名分管副局长。

图3.1　贡开遗址Prasat Thnom金字塔

• 实施可持续发展，以贯彻柬埔寨王室政府的脱贫政策；
• 与省级和属地管理机构构建合作关系；
• 与柬埔寨国内外和APSARA局使命一致，并且在当地开展工作的机构合作。

与之相对应，ICC科学秘书阿兹丁·毕肖克（Azedine Beschaouch）教授在访谈中总结了APSARA局所承担的四方面支柱性职能（four pillars）：古迹保护、水利和环境保护、社区发展、旅游。

此外，APSARA局的管辖范围也回应了吴哥古迹保护的需要。如第一章所述，根据吴哥古迹的历史和遗产价值，列入《世界遗产名录》的吴哥古迹由吴哥遗址群、罗洛斯遗址群和女王宫三个独立的遗产区构成，加上缓冲区，占地面积共为401平方千米。而随着吴哥研究与保护工作的深入，柬埔寨政府又陆续将这一区域外与吴哥古迹有密切联系的遗产点划归APSARA局管理。如2004年，柬埔寨政府通过王室法令授权APSARA局负责贡开遗址的保护、管理及发展。该遗址位于暹粒东北约100千米，10世纪中前期曾短暂作为吴哥王朝的都城，寺庙总数超过30座，其代表性建筑是Prasat Thnom金字塔。

## 三、APSARA局的经费情况

根据1999年颁布的第NS/RKT/0199/18号王室法令，吴哥古迹的门票收入归APSARA局所有。但之前在政府工作人员负责收取门票时，其金额总是小于预期。为了避免这一情况，1999年，APSARA局与柬埔寨国内的大财团苏基密集团（Sokimex Group）签订协议，委托后者负责吴哥古迹门票的售卖。双方约定，吴哥的门票收入归苏基密集团所有，但后者每年需定额向APSARA局上交100万美元。

在苏基密集团接手后，大大强化了对于门票的管理，如要求门票上贴有游客照片，并对没票的游客施以重罚，外加这一时期，到访吴哥的国外游客数量也开始出现巨大增长，当年的门票收入猛涨到380万美元。为此，双方于2000年重新修改合同条款，如果门票总收入低于300万美元，则将其中的50%上交，如果超过300万美元，则上交其中的70%。[①]此后双方的合作条款又经历了几次变化，到2014年时，双方约定门票收入的15%归苏基密集团拥有，15%上交给一个负责吴哥区域发展的保护基金，60%上缴经济和财政部，剩余的10%作为增值税。[②]

从2016年3月开始，柬政府收回了苏基密集团对于吴哥门票的征收权，改由柬埔寨经济和财政部与旅游部联合成立了一个名为吴哥研究所（Angkor Institution）的新机构，负责收取吴哥古迹的门票，并为游客提供相关的旅游服务和帮助[③]。在接收吴哥的票务工作后，该机构于2017年2月上调了吴哥的门票价格，单日票从20美元上涨到37美元，三日票从40美元上涨到62美元，周票从60美元上涨到72美元。该举措对于增加吴哥的门票收入起到了立竿见影的作用。据统计，截至10月底，吴哥古迹2017年的门票收入为8400万美元，同比2016年上升了71.5%，而国外游客数量同比只上升了12.2%。[④]

---

① Vong Sokheng and Anette Marcher, Sokimex and Government revisit Angkor deal, The Phnom Penh Post, published on August 18, 2000, http://www.phnompenhpost.com/national/sokimex-and-government-revisit-angkor-deal.

② Hul Reaksmey, Apsara Authority Rejects Claim Angkor Wat 'Rented Out', The Cambodia Daily, published on November 27, 2014,https://www.cambodiadaily.com/archives/apsara-authority-rejects-claim-angkor-wat-rented-out-73204/.

③ AKP Phnom Penh, Angkor Institution To Manage Incomes from Angkor, March 03, 2016 http://www.akp.gov.kh/?p=77257.

④ Khmer Times, Angkor ticket revenue up 71% , published on Nov. 4, 2017, https://www.bangkokpost.com/business/tourism-and-transport/1354527/angkor-ticket-revenue-up-71.

根据APSARA局同事介绍，现在，柬埔寨政府会将所有门票收入中的15%回拨，用于吴哥古迹的保护与发展。在这笔经费中，APSARA局能够获得其中的70%，剩余的30%划拨文化和艺术部、旅游部门及暹粒省政府。

吴哥门票收入分配的演变历程从一个侧面反映了柬埔寨政府对于吴哥古迹管理的规范化过程，而随着吴哥门票收入的持续增加，APSARA局的经费也能够得到较为充分的保障。

## 四、APSARA局的主要成绩

多年来，除了协同各国工作队对吴哥古迹进行保护，以及对本局工作人员和柬方工作人员进行培训，APSARA局成立至今的二十多年间还开展了以下这些值得一提的工作。

### （一）遗产教育和改善民生

在吴哥保护行动开始之初，由于生活在考古公园里的居民很难完全适应世界遗产的保护要求，如在公园的某些保护区禁止捕鱼和拾柴，APSARA局与居民的关系曾经较为紧张。为此，在日本UNESCO协会全国联合会和新西兰外交与贸易部的协助下，APSARA局对吴哥考古公园内的村民、师生、僧侣、导游等进行培训，并与有关非政府组织合作出版了《探索吴哥》丛书等。从2009—2012年，共有上万名当地师生、超过1000名村民和数百名僧侣接受了相关培训。

图3.2　展示中心中的传统民居（左）

图3.3　吴哥古迹内的民居（右）

为保护吴哥高棉聚居地的传统建筑，在新西兰政府的资助下，APSARA局还在吴哥考古公园内建立了高棉聚居地展示中心。该中心展示吴哥地区的传统民居，并向当地村民介绍传统的建造技术、科学的耕作方式和其他实用信息。

此外，为了缓解遗产区内与日俱增的人口压力，在新西兰政府的协助下，APSARA局于2008年启动了Run Ta Ek生态村项目[①]。柬埔寨政府将女王宫附近的十

① Run Ta-Ek: Eco-village for sustainable development. Concept note of an ecological human settlement. Phnom Penh: APSARA Authority(2008).

图3.4　RUN Ta Ek 生态村现状

几平方千米土地划拨给APSARA局，计划分配给遗产区内的新婚夫妻。项目由一位加拿大的建筑规划师领衔，团队主要由APSARA局的青年专业人员组成，村内建筑采用传统形式。根据规划，这里被设计成一个半城市类型的生态型村镇，提供各种设施，包括学校、医院、寺庙、市场、有机农场、手工业作坊及游客服务设施等，计划通过开展生态旅游，为从吴哥古迹保护区搬来的村民提供教育、工作和良好的生活环境。

目前，共有100余户家庭从吴哥古迹保护区内搬来生态村定居。据柬方介绍，通过售卖农产品和旅游纪念品，这里每户村民每个月平均收入300美元，远高于保护区内的村民收入。在2017年之前，村里尚未通电。2017年5月，通过一家美国公益组织的网络众筹，终于筹集到足够的经费为村里安装太阳能供电设施①。生态村的生活环境持续改善，相信能够吸引更多的吴哥村民。

（二）开展预防性考古工作等多领域的研究工作

在法国国家预防性考古研究中心的协助下，APSARA局与柬埔寨机场管理公司签订协议，对暹粒国际机场及周边地区的多个遗址展开勘探和研究。在APSARA局的努力下，机场在扩建时，充分吸收了其研究成果，将遗产保护的要求纳入扩建方案中。除遗址勘察与发掘外，该项目还为金边王室大学的考古专业学生提供预防性考古培训，并在柬埔寨机场管理局举办考古发掘成果展览。

APSARA局还与泰国艺术大学等机构合作，开展了现存吴哥道路项目，对从吴哥通往高棉王国各省城市，以及周边王国的道路展开跨国考古研究。项目通过绘制现有的道路网地图，确定和描绘道路沿线现存基础设施（如桥梁、运河、寺庙、客栈、医院、人类居处和古代工业遗址等），增加了对吴哥历史的了解，并对进一步的研究提出了新的问题。

---

① https://xplormor.com/solar-power-installed-run-ta-ek-cambodia/.

（三）水利和基础设施建设

研究成果表明，吴哥鼎盛时期，王城的水利工程十分有效、连贯且系统化。而对吴哥水利系统进行改造，也成为促进吴哥/暹粒地区脱贫和发展最有效、最经济、贡献最大的方式。为此，APSARA局牵头实施了一系列重要的水利项目，包括北池重新蓄水、建造大约30个水闸以控制水流、整修古代运河，以及设立气象、水位和水流测量站。

2012—2013年，APSARA局还主持修复了17千米的古代运河与堤岸，以保护吴哥的各个寺庙、暹粒国际机场和暹粒市免于洪水破坏。

此外，为缓解吴哥古迹的游客交通压力，柬埔寨政府通过APSARA局对地区道路进行了修缮和改进，并扩建了多条新道路，其中包括修整6号国道与巴空寺之间的连接道路、机场与吴哥古迹之间的连接道路，以及沿吴哥窟护城河的道路，还沿护城河修建了4千米长的砖石结构水渠，以方便当地居民和游客参观。此外，APSARA局还改造整修了暹粒的街道公共照明系统。

（四）环境保护

日益增多的游客使得吴哥区域新建了大批旅馆，交通量也大幅增加，随之带来河流和森林的严重污染。这些因素不但给吴哥遗产和当地人们的生活带来了负面影响，还可能导致游客数量的逐渐减少。为了更好地管理吴哥地区，保护和保存其历史建筑，促进地区的发展，并为下一代建立一个可持续，与环境、文化及社区和谐共处的社会，APSARA局引入了环境管理系统（Environment Management System，EMS），并于2003年5月与日本联合工作组共同组建了环境管理系统小组，6名来自APSARA局各部门的成员根据国际标准ISO14001，接受了吴哥环境管理系统的培训。

环境管理系统的目标主要包括：保护吴哥和周边地区环境，提高当地居民生活标准，并为柬埔寨提供国家环境教育的范例。其主要措施包括：建造垃圾处理系统，从而减少垃圾数量，确保地区环境优美；维持健康的水资源环境；保持空气清新；保护森林资源；向当地居民和APSARA局工作人员提供环保教育，以提高整个区域的环保意识等。

与此同时，由于吴哥古迹及其周边的环境污染和环境退化问题在短时间内加剧，对吴哥古迹和当地人民的健康以及洞里萨湖丰富的生物多样性造成了重大影响。鉴于洞里萨湖地区对当地生物多样性与吴哥地区经济发展的重要意义，为评估洞里萨湖及其周边生物多样性与独特淡水生态系统的维持机制，柬埔寨和日本科学家组成的团队，于2003年底实施了洞里萨湖生物多样性维持机制评估项目。科学家团队在丰水期和枯水期对整个湖区及其周边进行了调查，并研究了一年周期内水环境的变化，以及相关的生态系统波动情况。

从2006年开始，在日本金泽大学等机构的支持下，APSARA局还开展了吴哥地区及其周边环境研究项目。项目最初三年的重点工作是根据对大气、水源和森林环境的测量，对吴哥古迹的环境污染和环境退化进行评估。自2009年起，工作人员根据实地研究结果和实验室分析，确定空气污染物和水污染物的实际来源，并在此基础上对吴哥地区进行无污染协调环境设计。项目分为三个主要研究组：大气环境组、森林环境组和水源环境组，并进一步细分为水文、地理科学和生物多样性等专业小组。

图3.5　中文版的游客行为准则

（五）旅游开发与管理

吴哥古迹的旅游开发与管理，也是APSARA局的重要工作之一，其中的重要举措包括牵头编制《旅游管理规划》[①]和改善吴哥当地的旅游基础设施等。此外，针对游客的不文明行为，APSARA局还于2015年12月颁布了《吴哥游客行为准则》，对游客的着装、在古迹的行为、与僧侣的交流方式等做出了规定，并用多种语言（高棉语、英语、法语、中文、日语、韩语）在暹粒的酒店和其他游客聚集场所发放。

---

① 该规划将在下一章详细探讨。

## 第三节　对APSARA局的评价

### 一、APSARA局的经验和教训

通过以上内容可以看到，经过二十余年的历练，APSARA局已成为吴哥保护与发展的中坚力量。其涵盖遗产研究、考古、保护、环境、旅游、社区发展、基础设施建设等多方面职能的组织构架和细致分工，保证了吴哥古迹保护和发展所涉及的所有相关问题，都能得到关注和应对。这种模式也使APSARA局能够较好地与各个国际援助项目进行对接，确保项目的有序实施与跟进。这种综合性的遗产保护管理模式，也非常值得我国在大遗址保护和管理中参考和借鉴。

与此同时，管理吴哥古迹这样一处举世瞩目的遗址，并且常年与世界上顶尖的文化遗产保护队伍合作，也使得APSARA局自身的力量得到了长足的发展。一方面，APSARA局继续在国际援助中通过管理与协调各国际项目，使来自国际社会的资金、人力和技术支持能够有效合理地在吴哥古迹发挥作用；另一方面，APSARA局也在不断转换角色，调整合作方式，增强主导性，通过建立联合实验室、开展技术人员研讨会等方式加强自身建设。如其与法国远东学院在西梅奔寺的修复项目中成立了指导委员会，通过例会共同解决项目运行时出现的问题，还在与德国GIZ公司合作的基础上成立了石刻保护小组，培养了一支自己的石刻保护技术团队。

此外，APSARA局也在加强对各国援助项目的管理，比如由其起草，并于2017年1月开始生效的《吴哥研究人员行为准则》[①]，就从多个方面强化了对研究人员行为的

---

① 见附件5.2。

管理。该文件强调了各研究团队对于吴哥当地社区的责任，要求研究人员尽可能尊重当地传统和习惯，特别是在圣地或具有特别意义的场所，并要与APSARA局协作，对其工作的生态、社会和文化，尤其是对当地社区的影响进行事前评估，在工作开展过程中则要尽一切努力带动当地社区参与其工作。如该文件要求各项目工作人员在申请吴哥考古公园通行证之前需要将该项目一年内的工作用人情况、简要工作内容及预期成果和人员详细信息报APSARA局。该文件同时要求，相关机构和个体研究人员应在各项现场工作开始之前提交一份研究设计方案，并按照相关谅解备忘录或协议的规定将该研究设计方案提交给APSARA局局长供其批准，并规定，在项目完成后不超过五年的时间内，研究人员对其负责的项目享有科学所有权。在此期间，研究人员应公布其研究结果，并审慎考虑研究团队之外的同事和学员的信息请求。超过此期限后，APSARA局和其他方可免费分析、公布这些记录。类似文件的出台，无疑对规范吴哥古迹的研究、保护行为和加强APSARA局的管理能力起到积极的作用。

但在看到这些成绩的同时，不可否认的是，在柬埔寨这样一个经济欠发达的发展中国家，面对吴哥古迹这样一处人口和旅游压力巨大的大型文化遗产，作为一个新生的文化遗产保护机构，如何平衡好国际义务和柬埔寨国情，如何处理好保护与发展的关系，对于APSARA局来说并没有现成的答案摆在面前。

在吴哥古迹国际保护启动时，由于受殖民时期法国古典文化遗产理念的影响，将吴哥古迹作为单纯的建筑和遗址加以保护的认识在柬埔寨根深蒂固。这使得保护区划的划定及其管理规定主要基于遗产本体的保护要求，并未充分考虑和照顾到村民正常的发展需要。如吴哥古迹遗产区和缓冲区的划定就对当地居民的传统生产生活，如建造房屋、采摘森林果实、种植大米、放牧等造成了不小的影响，加上管理手段的不合理，在现实当中激发出一些矛盾。

出于遗产保护的目的，吴哥地区村民的传统活动及宗教事务也受到不同程度的限制，如在吴哥窟举行的传统新年仪式被取消，在里面进行的部分宗教活动也被禁止。而在2000年以后，除了重新实施20世纪20年代法国殖民者实施的一些禁令，如打猎、开垦林地、砍伐树木、采集橡胶、放牧、建设新住宅等，APSARA局还新增了针对捕鱼、在吴哥通王城的水池和湖边种植稻米，及采集其他森林作物，包括柴火、藤条、昆虫、蜂蜡等活动的禁令，这无疑对村民的生产、生活造成了影响。虽然村民也有机会被APSARA局雇为保护和修复工人、寺庙保安、厕所清洁员或森林保安，但有限的工作机会无法弥补保护禁令给他们带来的不便和损失。

尤其是在2004年之后，一方面，APSARA局的管理权力通过立法得到了巩固，另一方面，可持续发展又成为这一时期吴哥保护的主要议题，一边是更加强势的APSARA局，一边是遗产保护管理中激增的涉及广大村民生计的各种事务，这无疑大大增加了双方摩擦乃至对抗的发生。德国学者根据其2009—2011年走访吴哥遗产区缓冲区内20余个村庄所了解的情况，列举了APSARA局在处理吴哥古迹保护区域内建设控制和民生事务时曾经存在的以下问题①，应是当时吴哥古迹保护管理的真实写照。

1. 德国学者写到，出于保护吴哥古迹风貌的目的，APSARA局在执法实践中的控制标准甚至要比法规更加严厉。如根据法规要求，在得到APSARA局许可后可以对老房子进行翻修或重建。但在现实中，不仅有大量村民正常翻修和重建的房屋被拆毁，甚至棕榈叶顶的小屋，或者厕所、围栏和动物笼舍都会遭到拆除。

2. 在执法过程中，APSARA局的不同部门和职员在不同的时候也会采取不同的措施，导致了误解和不信任。如在有些村庄，建于2000年以后的房屋都被拆毁，而

① Brigitta Hauser-Schäublin (ed.), *World Heritage Angkor and Beyond—Circumstances and Implications of UNESCO Listings in Cambodia*, Universitätsverlag Göttingen, 2011:131-138.

在另一些村庄，被拆除的是2004年以后的新建筑。在接受德国学者调研的一个村庄，在2006年时被告知可以建造传统形式的住宅，到了第二年则被告知未经APSARA局允许，不得进行任何建筑行为。而在具体的执法过程中，对于其认为持合作态度、涉及高官权贵，或者在执法时反抗特别强烈的村庄，APSARA局都会转而放松管控措施。也有村民表示，在2008年大选前，整体的建设控制还比较松散，但在人民党赢得大选后，管理的力度开始加强。

3. 正常的建设审批程序有时也会出现耗时过长的现象，导致不少村民由于已购木材难以长时间保存，或怕错过开工的黄道吉日而不得已先行开工，从而被APSARA局以建设项目未经批准而强制拆除。

4. APSARA局定期向各村庄派遣监测违规建设的小队，如要拆除则会派出带有武器的拆除队。在遇到主人或者村民的反对时，出现过不少暴力拆除的事件。根据有的村民反映，APSARA局也存在欺骗的行为。如有的村民被告知前往APSARA局领取建设许可，并被要求在一份未出示内容的文件上签字，事后才知道签署的是同意拆除书。此外，由于柬埔寨公务员的正式收入很低，一线管理人员索取、收受贿赂的现象也时有发生。

根据德国学者的观察，以上各种问题在村民和APSARA局之间造成了对立。这种局面直到2010年才有所改观。这一年，《金边邮报》等媒体广泛报道了吴哥村庄中的一位孕妇，其丈夫在外地打工，她在去医院做产检期间房子被拆除，引起极大反响。同年4月，6个村庄联合派出4位代表赴金边向柬埔寨首相洪森提交请愿信，抗议APSARA局的拆除行为。半年后洪森回信，强调村庄土地归村民所有。这之后APSARA局的建设审批速度加快，管控力度也有所放松。

此外，由APSARA局牵头开展的众多项目，尤其是涉及民生和社会发展方面的项目，由于经验不足等问题，也并非都一帆风顺。如前文提到的Run Ta-Ek生态村，由于政府只提供土地，不提供建材，而规划方提供的住宅范本采用太阳能和当代技术，造价要3万美元，这对于普通村民来说无疑是个天文数字，另外许多配套的基础设施都未如期到位，因此吴哥古迹内的大多数村民仍然持观望态度。

又如，柬埔寨政府曾于1995年颁布《关于酒店区（文化与旅游区）的二级法令》，将位于暹粒东北部临近吴哥古迹的一片区域确定为“酒店区”，并移交给APSARA局进行管理。按照设想，该区域将作为一个高品质的开发区域吸引投资，把商业活动聚集在此处，从而控制对现有城镇特色的影响以及暹粒城的规模，并有助于治理交通及其他城镇规划问题。在其他国家的帮助下，APSARA局建设了两条进出该区域的道路，在2002年，该区域还实施了建设和景观控制。

但在现实工作中，由于这一地区住有大量居民，而政府的拆迁安置费得不到居民认可，导致征地工作进展缓慢①，另一方面，在开发商眼里，这一地块的位置很不便利，并缺少充分的基础设施，因此也缺乏足够的开发热情②。在APSARA局的坚持下，目前该区域的建设和开发已经开始，但据了解，直到今天，该区域才完成了50%居民的搬迁。

对于以上APSARA局在吴哥古迹保护过程中出现的问题，我们无须加以苛责，这

① Thet Sambath，Gov't Moves on Hotel Zone in Siem Reap, The Cambodia Daily, Oct. 5, 2000, https://www.cambodiadaily.com/archives/govt-moves-on-hotel-zone-in-siem-reap-17799.

② Kay Kimsong, Developers Criticize Siem Reap Hotel Zone, The Cambodia Daily, Jan. 23,2003, https://www.cambodiadaily.com/archives/developers-criticize-siem-reap-hotel-zone-21322/.

些教训是一个国家在文化遗产保护认识深化、能力提高的过程中所难以避免的。实事求是地说，以上各种问题对于中国来说也并不陌生。以上种种问题，也是我们反思“世界遗产”这一称号对于遗产地保护管理影响的绝佳案例。

事实上，吴哥古迹周围的村庄非常古老，这里的村民对于吴哥的古迹、森林及传统社会文化活动等都有很强的归属感。在法国人到来前，吴哥的一切都属于柬埔寨国王，但在漫长的历史中逐渐形成了各家对于林中树木的归属，村民对于彼此间这种传统归属权都非常清楚和尊重，会自发对树林进行看护，对于森林的利用，如获取橡胶等也都非常有节制。很多当地村民，包括僧侣都曾跟随吴哥保护办公室的法国保护专家工作，有些甚至成为家族传统，20世纪80年代后一些村民也会自发清洁吴哥的寺庙。

成为世界遗产，使吴哥古迹从当地村民赖以为生的居住地和宗教圣地，变成柬埔寨的国家象征和全人类共同拥有的财富，出现了遗产区缓冲区这样对于遗产空间和人类活动的重新划分，出现了APSARA局、ICC等新的遗产保护管理机构，如何在世界遗产的突出普遍价值和遗产的当地价值之间实现平衡，APSARA局走过的历程无疑给我们上了生动的一课。

## 二、APSARA局的未来

虽然APSARA局在历史上曾出现过这样那样的问题，但瑕不掩瑜，其对于吴哥古迹保护和遗产地发展的功劳仍然是首要的。而在吴哥古迹保护逐渐走入常态化的今天，APSARA局的未来也是值得人们关心的问题。

（一）人员

通过对APSARA局管理层和员工的采访，得到的一个普遍印象是，虽然各国提供的实地培训对于APSARA局员工的专业技能提升起到了重要作用，但由于这种培训不成体系，且人员在接受培训后不能得到相应待遇的提高或更大的晋升空间，而APSARA局员工的工资虽然已经比普通柬埔寨公务员高出一些，并且对技术人员有所倾斜，但相比于当地的生活水平仍然偏低，一些优秀的人才也因此不断流失。

对此，不少受访者表示应该设立更完整的培训体系，让员工培训所得的证书能够成为柬埔寨官方认可的技术资格，从而为他们争取更多的薪酬和晋升空间。APSARA局的索曼局长在2017年10月访问北京期间对故宫博物院的国际博物馆协会国际博物馆培训中心表示出很大兴趣，并详细询问该中心所能够颁发的资格证书。这表明APSARA局管理层正在着手思考和解决这一问题。此外，对于APSARA局兼具行政和专业职能，但又难以为技术人员提供有竞争力的收入的现象，未来APSARA局或可考虑借鉴中国的经验，成立独立的科研机构，将行政与专业技术职能加以分离。

（二）组织架构

目前APSARA局内部分为15个部门，其中有12个部门有分管副局长，共有员工2000多人。这样的内部架构虽然有利于分工，但另一方面无疑也会带来效率低下的问题。尤其是搬入新办公地点之后，每个部门都有其相对独立的办公楼，柬埔寨的信息化办公水平又有限，这无疑进一步加剧了对工作效率的影响，在现实中也经常出现各部门各自为政的局面。

图3.6 索曼（SUM Map）局长访问故宫博物院（上）

图3.7 采访APSARA局副局长罗布拉（Ros Borath）（下）

部门间沟通不畅、缺乏协调的问题事实上已经对吴哥古迹的保护工作造成了一定的影响。在下一章中将详细讨论的遗产管理框架等项目中，纷纷提出要加强APSARA局的管理能力建设。APSARA局索曼（SUM Map）局长在来华时也表示即将对APSARA局的机构进行重组，如将把吴哥考古公园外古迹保护司的职责划归文化和艺术部，并已将贡开遗址移交柏威夏寺管理局，从而使APSARA局能够更好地聚焦于吴哥古迹本身的保护管理。

（三）顶层设计

作为特殊历史时代的产物，APSARA局的成立从某种意义上来说是不可复制的，而其模式也带有先天的内生矛盾：从属地角度讲，APSARA局的管辖范围位于暹粒省之内，APSARA局与暹粒省政府之间的关系也由此一直非常微妙，需要柬埔寨中央政府巧妙地加以平衡。而中央政府的态度，也决定了两者间的权力博弈。几年前，柬埔寨政府把APSARA局迁到了本为暹粒省政府设计和建造的办公场所，离吴哥古迹开车需要半个多小时。APSARA局作为吴哥古迹的直接管理方，其办公场所却被搬到如此偏远之处，对其工作的开展造成了一定的影响。

另一方面，从柬埔寨中央政府的组织分工来说，文化遗产保护属于文化和艺术部管辖。而随着APSARA局前主席——在柬埔寨国内外均享有极高威望的副首相索安不幸于2017年3月因病逝世，接替他担任APSARA局主席的正是文化和艺术部大臣彭萨格娜女士（Phoeurng Sackona）。伴随这一人事变动，APSARA局也从先前的独立状态变为划归文化和艺术部管理的半独立状态，其与文化和艺术部的关系类似于国内国家文物局与文化部的关系。这一

图3.8　APSARA局办公场所

组织架构的变化，一方面可以更好地打通两个部门间的遗产保护力量，如上文所述的把吴哥古迹外围的保护管理职责划拨文化和艺术部，但部门管理体制的变化，在现实中对吴哥古迹的保护与管理会造成何种影响，还有待观察。

# 第四章　吴哥古迹保护管理专题研究

## 第一节　保护吴哥古迹的法规与文件

### 一、保护吴哥古迹的法律体系

宪法是柬埔寨王国的最高法律，根据柬埔寨宪法第26条规定，经国民议会和参议院批准后，国王可签署并批准国际条约和公约。此后，这些国际条约和公约将被纳入柬埔寨法律框架之内，作为司法裁决的基础。在宪法和其他法律之下依次是以国王名义发布的王室法典（Royal Kram）和王室法令（Royal Decree），由首相签发的二级法令（Sub-Decree），由政府各部大臣签发的部门规章（Ministerial Order），由首相、大臣签发的决定（Decision），由首相或大臣发布，用来解释相关法规措施或提供指导的通函（Circular），以及由省长发布，应用于其管辖省地理范围内的省级命令（Provincial Arret）。（参见表4.1）

（一）国内外法律

根据上述柬埔寨王国宪法的规定，在1991年得到柬埔寨政府的签署之后，《世界遗产公约》具备了柬埔寨国内法的地位，《世界遗产公约》及其《操作指南》也由此成为规范和引导吴哥古迹保护管理最重要的法律文件之一。

柬埔寨政府批准的与吴哥古迹保护管理相关的其他主要国际公约包括：

- 1954年《关于发生武装冲突情况下保护文化财产的公约》（1962年批准加入）

表4.1　柬埔寨法律制度体系示意

| | |
|---|---|
| 宪法 | 柬埔寨王国最高法律 |
| 条约和公约 | 经国民议会和参议院批准、国王签署后，将纳入国内法律框架之内，作为司法裁决的基础 |
| 法律 | 国民议会批准的各类法律 |
| 王室法典和王室法令 | 国王行使宪法赋予的权力，以其名义发布 |
| 二级法令 | 由首相签署 |
| 部门规章 | 由政府各部大臣签署发布 |
| 决定 | 由首相、大臣或地方长官签署发布 |
| 通函 | 通常由首相或大臣签署发布，用来解释或阐明特定的法定监管措施，或是提供指导 |
| 省级命令 | 由省长发布，应用于其管辖省范围内 |

• 1970年《关于禁止和防止非法进出口文化财产和非法转让其所有权的方法的公约》（1972年批准加入）

•《国际统一私法协会关于国际范围内归还被盗或者非法出口文物的公约》（2003年批准加入）

• 2001年《保护水下文化遗产公约》（2007年批准加入）

• 2003年《保护非物质文化遗产公约》（2006年批准加入）

• 2005年《保护和促进文化表现形式多样性公约》（2007年批准加入）

柬埔寨国内的相关法律主要包括1996年公布的《文化遗产保护法》和2001年公布的《土地法》。《文化遗产保护法》规定吴哥/暹粒地区的文化遗产由APSARA局负责保护。《土地法》明确了国家公共财产的地位。该法律第十五条规定，考古、文化或历史遗产属于国家公共财产的范畴，这说明作为世界遗产的吴哥古迹也是柬埔寨的国家公共财产。第十六条规定，租赁或使用此类国家公共财产应获得授权，而租赁或使用授权并不会导致所有权转移。

（二）王室法令与二级法令

除了前文提及的1994年《关于在暹粒/吴哥地区建立受保护文化区及其管理准则的王室法令》（001/NS号），以及柬埔寨政府关于成立和调整APSARA局的两道王室法令，其他与吴哥古迹保护相关的重要法令包括《关于APSARA局局长办公室组织与功能的二级法令》（50/ANK/BK）、《关于建立文化遗产保护特别警察队伍的二级法令》（60/ANK/PK）、《关于吴哥土地使用和建设的二级法令》（2000年，35/67号）、《关于崩密列遗址区划的二级法令》（2004年，12/ANK/PK）等。

可以看出，在上述法律所确定的基本框架内，柬埔寨政府通过王室法令和二级法令等法律法规对吴哥古迹保护的范围、机构和遗产要素等逐步进行明确，对于吴哥古迹的有效保护管理起到积极作用。

## 二、三次吴哥古迹保护与发展政府间会议宣言

此外，在每10年召开一次的吴哥古迹保护与发展政府间会议上通过的《东京宣言》、《巴黎宣言》与《吴哥宣言》对于吴哥古迹的保护管理也有重要的指导意义。

于1993年10月在东京会议上通过的《东京宣言》是关于吴哥国际保护的第一个重要的国际文件。宣言各方同意成立一个大使级别的协调委员会，作为协调各国和各国际组织援助吴哥古迹的国际机制，确保各项目的一致性，并逐步制定相关技术和财务标准。宣言还进一步确立了该协调委员会的工作机制，即由法国和日本担任委员会的联合主席国，并由UNESCO提供秘书处服务。《东京宣言》所确立的ICC制度成为吴哥国际保护行动成功的重要基石之一，影响深远。

10年之后的2003年，吴哥古迹保护与发展第二次政府间会议在巴黎召开，并通过了《巴黎宣言》。《巴黎宣言》对于过去10年间APSARA局、ICC及各国工作队的成果表示肯定，并提出要共同制定一份有关吴哥保护理念和实践的工作方法的文件[①]。与此同时，如第二章指出，《巴黎宣言》的最大特色，就是加强了对于“可持续发展”议题的关注。该《宣言》指出，要将工作方向与可持续发展结合起来，并建议在ICC会议上对暹粒/吴哥地区的各种发展项目，尤其是经济、社会和环境方面的项目加以讨论。

---

① 即日后的《吴哥宪章》，详见下文。

此外，除了宣言本身，会议还通过了对于下一阶段吴哥古迹保护与发展工作的相关建议，包括起草吴哥古迹保护与修复指南，加强培训和公众宣传，鼓励开展多学科的考古、铭文和历史研究，成立遗产保护实验室，编制可持续发展规划，加强APSARA局的能力建设等，为此后10年中吴哥国际援助行动指明了方向。

2013年，第三届吴哥古迹政府间会议在暹粒召开，会议的主题为“吴哥活态遗产的可持续发展与综合治理”，旨在评估、庆祝过去20年所取得的成绩，并确定未来10年内吴哥及其周边地区古迹保护的工作方向。会议通过了《吴哥宣言》及所附建议。《宣言》肯定了在吴哥地区设计和实施保护与可持续发展方案的艰巨性与复杂性，重申了强化在ICC框架内开展综合性和多学科国际合作的必要性。《宣言》指出，要引导吴哥在未来10年内朝着活态遗产的可持续发展与综合治理方向发展，优先考虑与古迹保护、水、森林、文化景观、道德和可持续旅游业相关的事务，通过实施《吴哥遗产管理框架》满足当地人的物质和精神文化需求。与此同时，《宣言》强调国际专家与柬埔寨合作伙伴间经验与技术交流的重要性，建议强化APSARA局在ICC框架内的作用和责任，从而促使其在未来的吴哥古迹保护和吴哥地区的可持续发展项目中承担起全部责任。

此外，作为《宣言》的附件，会议还根据吴哥国际保护行动的实际情况，从四方面提出了具体的工作建议。

1. 吴哥保护的新方法、新技术与新能力：提出要利用新技术对气候变化等挑战予以关注，并加强能力建设。

2. 作为活态遗产的吴哥保护：提出要在提升游客旅游体验的同时，注意自然和文化资源的可持续性，以及提高当地居民的生活水平，并要关注和尊重节庆等当地传统。

3. 更大范围的吴哥保护：提出要提高对于整个吴哥地区遗产价值（包括景观价值和无形价值）的认识，将荔枝山纳入吴哥古迹的保护，并协同省政府为整个吴哥古迹制定可持续发展的总体规划。

4. 国际合作的新10年：确定了在今后工作中考古研究、可持续旅游等工作的优先层级。

## 三、《吴哥宪章》

面对吴哥古迹这样数量巨大、分布广泛又有着显著共性的遗产，为了让各国的保护工作者能够遵循统一的标准和理念，取长补短，从而使其价值和真实性、完整性得到最有效的保护，从2002年起，以ICC为主，联合参加吴哥保护的各国主要专家学者，开始编制《吴哥宪章》。它在10年中经历了15次修改，于2012年最终定稿。

《吴哥宪章》分为总则和保护导则两大部分。总则部分概括了一些经国际社会认可并已纳入各类章程的基本保护原则，其中包括：保护工作要求多学科参与且是不断发展变化的；工作开展之前要进行彻底的调查和评估；必须尽可能地尊重建筑结构的原初理念、建筑技术和历史价值；尽量修复处理，避免拆除重建，且应对保护和监测活动进行记录。

保护导则部分共分十个章节。第一章追溯了吴哥古迹的历史，第二章概述了吴哥古迹在结构、材料、环境等方面的特点，以及保护工作所需遵循的总体要求。

第三章介绍了会对吴哥古迹材料和结构产生影响的各种作用类型，包括以结构自重为代表的静态直接作用，温度、土壤运动等造成的静态间接作用，风和地震等造成的动态作用，以及气候、植被、旅游等造成的环境作用。第四章指出了项目组织的规范流程，包括制订计划、获取数据、诊断与安全评估、治理、质量控制等环节。

第五章介绍了砖、砂岩、红土等吴哥寺庙主要的建筑和装饰材料的特点，及其可能受损的方式。第六章介绍了材料保护的主要步骤，包括应急加固、清洁、去除微生物、脱盐、加固、灌浆、防水等。

第七章介绍了吴哥地区的土壤、水和环境情况，及其对于本体的破坏作用。第八章介绍了各种材质建筑的结构性能及其易于受到的各种破坏。第九章介绍了结构加固的标准和技术，指出需在兼顾结构和地基安全的前提下尽可能地遵从原施工技术。第十章中指出要为吴哥古迹编制风险及优先级地图，以反映古迹所面临的风险级别。

通过上述介绍可以看出，《吴哥宪章》从历史、现状、环境以及项目组织和实施等各个方面指明了吴哥古迹所面临的问题和解决方法，而正如它所指出的，“《吴哥宪章》与其他类似的文件不同……需要根据吴哥古迹所面临的特殊问题来重新定义总体原则，使其具备足够的灵活性，通过对一般与特殊、通用和个别、所有古迹的普遍特征与单体建筑结构特征之间的仔细权衡，可以找到正确的保护方法”。这种灵活性，正是《吴哥宪章》的最大特点之一。这意味着它不是刻板的教条，而是鼓励在统一的原则和理念下具体问题具体分析，这也使它面对吴哥古迹各种保护问题，具有了更好的适用性和生命力。

而作为吴哥古迹保护理念和技术的集大成者，《吴哥宪章》不仅对于今后的吴哥古迹保护有很大的指导作用，对于世界各地的其他重要文化遗产也有积极的参考作用。正如《吴哥宣言》指出的，希望这份文件能作为一个管理和参考文件，在亚洲和世界其他地区的文化和历史遗址工作的专家中广泛传播。

## 第二节　吴哥遗产管理框架

编制综合性的管理规划，一直是柬埔寨政府和国际上推动吴哥古迹保护和发展的重要推手。早年出台的重要规划包括以下三份：

### 一、吴哥古迹区划及环境管理规划

《吴哥古迹区划及环境管理规划》（Zoning and Environmental Management Plan for Angkor，简称ZEMP）项目由联合国开发计划署和瑞士国际发展局出资，并得到其他多个国家的资金和技术支持，在柬埔寨文化和艺术部的支持下由UNESCO牵头开展。项目组由25名专家组成，涉及学科包括城市规划、地理信息系统、生态学、水文学、林学、野生动物保护、建筑学、考古学、旅游学以及法律和行政等。该规划于1994年完成，寻求在考古保护、城市扩张、旅游发展与自然农业资源的合理应用之间达到平衡，为吴哥及更广范围的暹粒地区提供土地管理和保护的框架，并为《关于在暹粒/吴哥地区建立受保护文化区及其管理准则的王室法令》（001/NS）的出台和吴哥古迹的保护体系的确立奠定了基础。

## 二、暹粒—吴哥可持续发展总体规划

2004—2006年，日本国际协力机构（Japanese International Cooperation Agency，简称JICA）在APSARA局和暹粒省的协助下，针对吴哥—暹粒地区开展了总体规划研究。该规划的首要目标在于在关注遗产价值的前提下确保本地区可持续地集约型发展，它指明了暹粒面临的数个关键问题，并提出了以下对策：

- 开发高级旅游；
- 通过农业发展和产品设计将旅游业的经济效益留在本地；
- 保证环境可持续性；
- 开展环保项目和推广生态旅游；
- 更强有力的当地管理；
- 国家机构和私营机构建立合作关系。

## 三、吴哥管理规划

2007年出台的《吴哥管理规划》由新西兰国际发展局资助，以一系列翔实的专题报告，如法律、机构、财务方面的报告，景观和遗产文化方面的报告，以及旅游和社区方面的报告等为基础，通过对其的研究和分析，提供了一份行动计划和预算，旨在指导APSARA局对吴哥开展有效的保护管理工作。

表4.2 遗产管理框架（HMF）项目示意

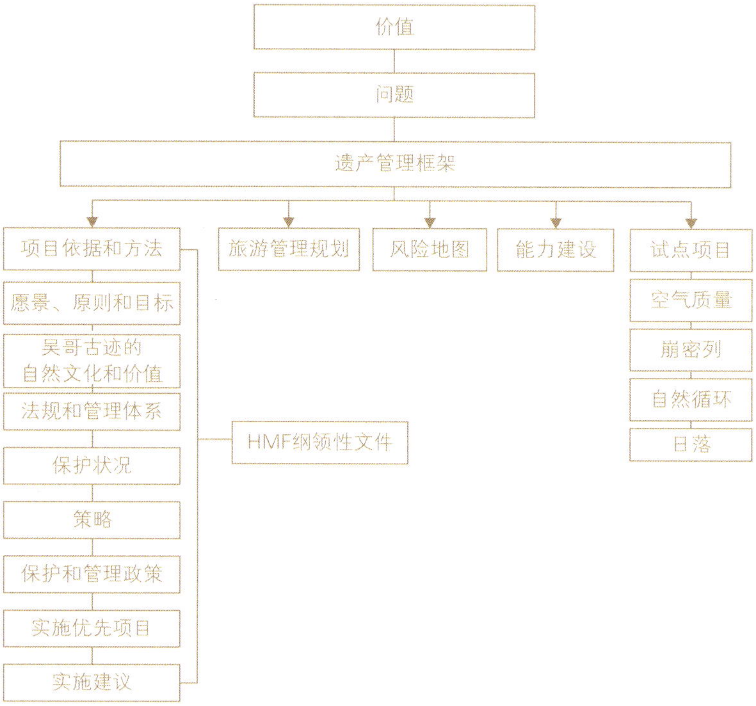

在以上工作成果的基础上，为了综合应对吴哥古迹所面临的各种问题与挑战，实施更加统一的保护管理措施，在柬埔寨政府和澳大利亚政府的支持下，经UNESCO协调，由APSARA局和澳大利亚GML遗产咨询公司合作，于2010年启动了吴哥遗产管理框架（Heritage Management Framework, 以下简称HMF）项目。项目的核心目标包括：

• 为吴哥自然与文化价值的管理、保护和传承建立务实有效的框架；

• 可持续地管理和保护吴哥古迹的突出文化和自然价值及未来发展，以保证现在和未来人们的需求不受影响；

• 鼓励平衡、可持续和负责任的旅游；

• 确保吴哥古迹对柬埔寨经济做出贡献，尤其是通过提高生产力和收入改善乡村穷人的生活水平；

• 改善APSARA局的管理方式和能力，保证局内部以及与其他利益相关者之间的联系和坦诚交流。

图4.1　遗产管理框架纲领性文件封面

项目具体包括以下四方面的工作内容与成果：

• 于2012年完成了《旅游管理规划》的编制，并于2013年正式提交柬埔寨政府[①]；

• 编制风险地图，将环境、建筑与社会数据等纳

① 《旅游管理规划》的内容详见下一节。

入地理信息系统，为管理决策提供依据；

- 通过培训APSARA局员工开展能力建设；
- 开展四项试点项目，对HMF的原则、策略和倡议进行验证和完善。

2013年10月，根据世界遗产委员会的要求，柬埔寨政府发布了HMF纲领性文件[①]。该文件系统梳理了吴哥古迹的价值和保护管理体系，明确了吴哥古迹所面临的主要挑战，并确定了相应的应对原则和措施，成为吴哥古迹保护管理最权威的综合性指导文件。

该文件包括概述与前言及附件在内共分12个部分，下面分章节加以简要介绍。

文件的前面四部分分别是概述、第一章前言、第二章“项目依据和方法”，以及第三章“愿景、原则和目标”。这一部分介绍了HMF项目的实施背景、实施过程、主要内容、法律地位和意义，以及项目开展所遵循的两大方法，即基于价值的管理和通过合作来开展项目。在项目实施过程中，项目组成员就吴哥古迹的遗产价值、面临的主要问题及相应对策等与APSARA局员工，来自柬埔寨政府、UNESCO、ICC、暹粒省政府和旅游业的代表，以及当地的摊贩、村民和僧侣等展开了深入的交流。

在第四章“吴哥古迹的自然与文化价值”中，纲领性文件首先回顾了对于吴哥古迹几个重要的价值表述，包括1992年吴哥列入《世界遗产名录》时的价值表述，2008年由APSARA局和澳大利亚悉尼大学合作编写的《吴哥：遗产价值与问题报告》，2009年推出的《吴哥保护与可持续发展国际合作15周年报告》中对于吴哥古迹六大

① http://www.gml.com.au/wp-content/uploads/2014/06/Angkor-Heritage-Management-Framework-October-20131.pdf.

特点的概括，以及2012年在第36届世界遗产委员会会议上通过的回顾性突出普遍价值声明。在以往成果的基础上，纲领性文件从自然、历史、美学、科学、社会五大方面，详细阐述了吴哥古迹的整体价值。

第五章“法律法规和管理体系”介绍了柬埔寨的法律体系，对历年来出台的与吴哥古迹保护管理相关的法律法规进行了汇总，概括了《世界遗产公约》及《操作指南》的基本要求，对世界遗产委员会历年来关于吴哥古迹决议的主要内容加以回顾，并介绍了参与吴哥保护的主要国际机构。

第六章“保护状况”简要回顾了吴哥古迹在保护管理各个方面所取得的主要成果，并指出了遗产仍然面临的主要问题，具体包括大规模的旅游和游客影响、加剧的城市开发和土地利用、人口增长、政府部门与民众之间的沟通、贫困、环境恶化等。

针对这些问题，第七章提出了以下七个方面的应对策略：

1. 保护真实性、完整性：为了让近年来人们新认识到的更广阔范围内的吴哥古迹遗存及其有形和无形价值得到合理的保护，文件提到了对吴哥古迹进行重新申报，从而扩大吴哥世界遗产区划和调整突出普遍价值声明的可能性。

2. 威胁与风险管理：作为风险预防的一部分，吴哥风险地图被纳入HMF之内，其包含的信息集合对于吴哥未来的管理和保护具有战略意义。

利用GIS地图软件，风险地图将吴哥古迹面临的各类风险信息以分层次可视化的方式表示出来。如果搭建完成并进一步填充数据，开放使用通道并在APSARA局得以广泛使用后，风险地图基于其大量的信息数据将成为重要的决策工具，以应对现存或即将面临的环境、本体和社会的威胁与风险。虽然风险地图无法依靠其自身解决吴哥的威胁和风险，但是可以协助规划和确定管理及保护行动中的优先事务。

3. 在社区生活中发挥作用：文件指出，应尊重和传承当地居民参与传统文化实践的权利。APSARA局颁布了《APSARA局下辖吴哥世界遗产和其他遗址内的非物质文化遗产保护指南》，表明社区的遗产价值已经得到承认。该指南的实施与相关社区项目相结合，对于提高村民技能，学习脱贫的谋生方式有积极意义。

4. 可持续发展与旅游：文件指出，环境、社会和经济需求可能会对吴哥的自然和文化特征造成影响，平衡三者之间的关系仍然是一个重大的挑战。在持续且有目标地开发吴哥时，做出的全部决策和行为应以可持续性和代际公平原则为基础，从而避免削弱后代的需求。

5. 综合的规划项目：在整体的法律法规框架下，HMF从宏观和战略层面规定了未来吴哥管理和保护的方向，后续的规划和项目需要纳入APSARA局和吴哥保护各国队伍的工作计划和实施目标中。

6. 管理能力：文件指出，APSARA局需要提高效率，部门间分工明确又团结合作，实现信息共享和流程透明。

7. 教育与信息：文件指出，信息的管理和传播以及传播形式很关键，如果目标受众易于接受，将有助于培养民众对于遗产保护事业的支持。

在此基础上，第八章“保护管理对策”进一步提出了十条对策，它们分别是：

1. 环境保护：文件指出，要在认识自然与文化价值相互依存的基础上，采取措施保护并管理吴哥及其周围地区的生态系统和自然资源，并从水、空气质量、生态多样性、垃圾管理、土地退化、森林、资源利用、气候变化、社区和环境可持续性等方面提出了具体建议。

2. 遗产景观保护：文件指出，要对吴哥的文化景观及相关联的物质和非物质价值进行辨认、评估和管理，并从文化景观、视域、植被、历史水系、历史路线、社区、城市遗产等方面提出了建议。

3. 古迹与文物：文件指出继续保护吴哥古迹与文物的重要性，并从古迹、考古、保护方法、可移动文物四个方面提出了相关建议。

4. 非物质与社会价值：无形价值和社会价值是吴哥世界遗产突出普遍价值的活态部分，无形价值包括神话、传说、谚语等口耳相传的知识，壁画、木偶戏、戏剧、舞蹈等艺术表现形式，各种形式的宗教仪式，手工艺、乡土建筑、厨艺、医疗、占星、占卜等方面的传统知识或技能，以及方言等。

文件指出，保护这些活态价值是吴哥世界遗产未来工作的重要组成部分。当代的宗教用途、精神关联、当地的知识以及传统的谋生方式赋予吴哥景观重要的背景和历史信息及相关的意义。保护、管理并传承这些元素对于保护吴哥遗产价值大有裨益。无形价值和社会价值与吴哥的有形遗产之间的关系密切，不能分裂开来。文件从非物质价值保护、研究与记录、文化权利、社区与生计、教育、参与、旅游与游客意识等方面提出了具体建议。

5. 可持续发展与扶贫：文件指出，应坚持包容和公平的增长，确保经由可持续发展、扶贫和社区参与，让农村贫困人口受益。

6. 负责任的旅游管理：文件指出，要通过对旅游业的管理，为当地居民谋取利益，打造与旅游行业的合作关系，减少对遗址的破坏，使游客可以获得良好的旅游体验，并将吴哥的遗产价值传递给当代和后代。

7. 教育与阐释：文件指出，遗产的阐释和教育将会激励和增强当代和未来人类对于吴哥遗产价值的欣赏能力、理解力以及愉悦感，并从阐释和教育两方面提出了要求与建议。

8. 机构能力：文件指出，APSARA局应具备足够的视野、领导力、专业知识、组织能力和资源，以保护和传承吴哥古迹的自然和文化价值，并围绕APSARA局的能力发展、技能和需求、组织架构、领导层、知识与培训、人员等方面提出具体建议。

9. 沟通：文件指出，需要加强与吴哥当地社区及利益相关者的沟通，从而推动有效参与，提升APSARA局的视野和宣传HMF的保护管理策略，并从宣传、社区参与和推广等方面提出具体建议。

10. 信息管理：文件指出，APSARA局需通过知识共享管理、有效的档案保存以及综合性的数据管理，展示其开放负责任的政府机构形象，从而进一步增强管理能力，并从信息分享、知识管理、记录留存、数据管理和研究等方面提出具体建议。

第九章从遗产保护、社区生活、可持续旅游和管理能力四个方面，确认了需要优先实施的项目，详见表4.3。①

第十章针对纲领性文件各章节内容，如HMF的法律地位、策略、措施、优先项目、风险地图、旅游管理规划及APSARA局的管理体系等提出了进一步的实施建议。

第十一章为附件，对项目人员、相关法律文件和相关项目建议等做了进一步的说明。

通过以上梳理可以看出，HMF涉及吴哥古迹保护与发展的各个方面，如其名称所指出的，它详尽地为吴哥古迹今后的保护与发展确立了一个科学的整体框架。但另一方面，也正由于其体系过于庞大，导致其所探讨的各类事务和问题主要还停留在原则和整体性的建议层面，需要APSARA局和参与吴哥古迹保护行动的各国队伍加以进一步的分解和实施。

---

① 项目名称下面的“高”、“中”、“低”代表项目的优先程度，年份代表具体的实施时间。

表4.3

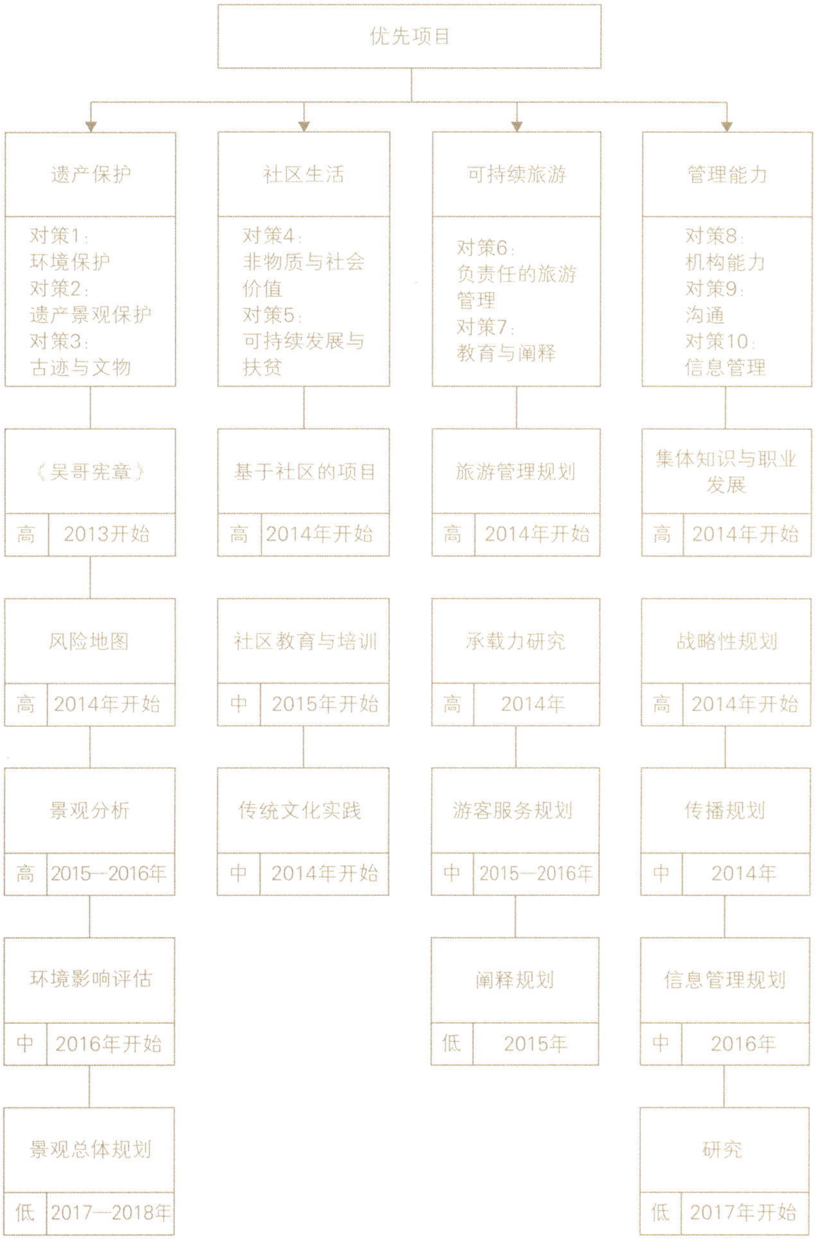
优先项目
遗产保护
对策1：
环境保护
对策2：
遗产景观保护
对策3：
古迹与文物
社区生活
对策4：
非物质与社会
价值
对策5：
可持续发展与
扶贫
可持续旅游
对策6：
负责任的旅游
管理
对策7：
教育与阐释
管理能力
对策8：
机构能力
对策9：
沟通
对策10：
信息管理
《吴哥宪章》
高 2013开始
风险地图
高 2014年开始
景观分析
高 2015—2016年
环境影响评估
中 2016年开始
景观总体规划
低 2017—2018年
基于社区的项目
高 2014年开始
社区教育与培训
中 2015年开始
传统文化实践
中 2014年开始
旅游管理规划
高 2014年开始
承载力研究
高 2014年
游客服务规划
中 2015—2016年
阐释规划
低 2015年
集体知识与职业
发展
高 2014年开始
战略性规划
高 2014年开始
传播规划
中 2014年
信息管理规划
中 2016年
研究
低 2017年开始

## 第三节 吴哥旅游管理规划

### 一、《吴哥旅游管理规划》的出台背景

早在1995年，APSARA局就在法国开发署的帮助下编制了《吴哥旅游发展总体规划》。该规划指出，除了满足游客的期望和保护古迹免受伤害，APSARA局在旅游方面的任务还包括刺激经济和创造就业。基于这一原则，该规划指出，为了把暹粒打造成一个世界遗产旅游中心，需要努力创造高品质的旅游体验，对参观古迹的客流进行合理管理，并鼓励创造旅游业的衍生品，包括为当地居民创造就业。

但总体来说，由于旅游业处于文化遗产和社会发展的交叉地带，在2000年以前，参与柬埔寨重建的各机构，往往会由于各种原因忽视对于遗产、旅游以及发展事务相互关系的处理。如当时文化遗产界整体上就对旅游持防范和排斥态度。UNESCO曾在1996年指出，旅游业“对高棉文化遗产的破坏威胁比任何古代侵略者，乃至于今天的文物走私都要迅速和严重”[①]。而这一时期对于柬埔寨社会经济的国际援助也同样较少涉及旅游。如由世界银行、亚洲开发银行等机构及澳大利亚、法国、日本和美国政府等参与编制，于1993—1996年实施的柬埔寨经济结构调整项目，即聚焦于农业、制造业、木材和橡胶出口等传统行业，文化以及旅游业等第三产业只被简单地提及。而在1996年颁布的第一版柬埔寨政府社会经济发展规划中，也仅仅宽泛地提及旅游行业的“未来潜力”。虽然该文件将旅游业确定为国家“经济重建的主要机会”之一，但是并未详细论述该如何挖掘这一潜力[②]。

---

① UNESCO and APSARA. *Angkor: Past, Present and Future*. Phnom Penh: APSARA, 1996. 166–167.

② Tim Winter. Post-conflict Heritage and Tourism in Cambodia: The Burden of Angkor[J]. *International Journal of Heritage Studies*，2008，14（6）.

直到1998年开始，如前文所述，随着柬埔寨人民党赢得选举成为唯一的执政党，柬埔寨的经济发展成为政府的头等大事，而吴哥旅游业创造的丰厚经济利益，使其成为政府眼中最重要的经济资产之一，吴哥的旅游业自此进入了加速发展的时期。据统计，1994年，到访吴哥古迹的外国游客约为8000人，到了2005年，这一数字上升到了83万，在10年里翻了100倍。[①]

旅游业的快速发展也带来了一系列急需应对的问题。一方面，大量游客的到来，加上大多数旅行机构简单重复最热门的旅游线路，导致吴哥古迹内最著名的标志性寺庙天天游客爆满，对古迹造成了威胁和破坏。而暹粒城里也掀起了大规模的建设潮，不仅包括旅馆和餐厅，还涉及房地产行业，以迎合越来越多的向该地区搬迁的柬埔寨人的需要，对于吴哥地区的生态和环境造成了巨大压力。与此同时，虽然旅游业的确造福了行业从业人员，但主要受益者是具备语言和服务能力的人，如导游、厨师和宾馆的管理人员，并未让吴哥地区的居民整体受益，反而加剧了该区域的经济和社会的不平衡。

为了更好地面对旅游业所带来的机遇和挑战，这一时期APSARA局和UNESCO在暹粒和金边以“文化旅游”为主题共同举办了一系列的研讨会，并在每年的年会和所开展的合作项目中加强了对于旅游业的关注。在2006年日本国际协力机构完成的《暹粒—吴哥可持续发展总体规划》中，旅游业就被纳入吴哥可持续发展整体框架中，成为其重要组成部分。而在2007年推出的《吴哥管理规划》中，作为其附件的吴哥旅游报告分析了吴哥当时的旅游现状，并确定了吴哥旅游管理的三个主要目标——控制游客数量，鼓励柬埔寨人更多地参与到旅游业中，以及加强能力建设，从

① Ministry of Tourism/UNDP/WTO. National Tourism Development Plan For Cambodia. Phnom Penh: Ministry of Tourism, 1996.

而打造以社区为基础的旅游业。此外，该报告还针对APSARA局应如何从结构上改善其旅游管理功能给予建议。

以上实践通过确立重要的规划指南和核心原则，建设性地推动了吴哥旅游的管理水平。但是，由于游客数量增长所带来的不断加大的旅游压力，要求探索更加积极有效的方法加以应对，从而最终促成了《吴哥旅游管理规划》的出台。

## 二、《吴哥旅游管理规划》主要内容

如上一节所述，《吴哥旅游管理规划》（Tourism Management Plan，以下简称TMP）是HMF项目的重要内容。由于吴哥旅游管理的急迫性，编制TMP成为HMF中优先开展的工作之一。

该规划基于《世界遗产公约》及其《操作指南》，以及2009年在我国敦煌定稿的《世界遗产地可持续旅游准则》的相关要求，以APSARA局已有的工作成果，包括旅游管理措施、行业和游客调查，以及旅游部的相关管理措施等为基础，经过新的研究，实地调研，与旅游从业者及当地的社区代表展开座谈等方式编制而成，并在数次国际会议上论证修改后最终于2012年公布实施，其目标使用者包括

图4.2 《吴哥旅游管理规划》封面

APSARA局、旅游部、暹粒省政府等政府机构，ICC及各国援助队伍，以及吴哥的旅游从业人员等，基本框架如下：

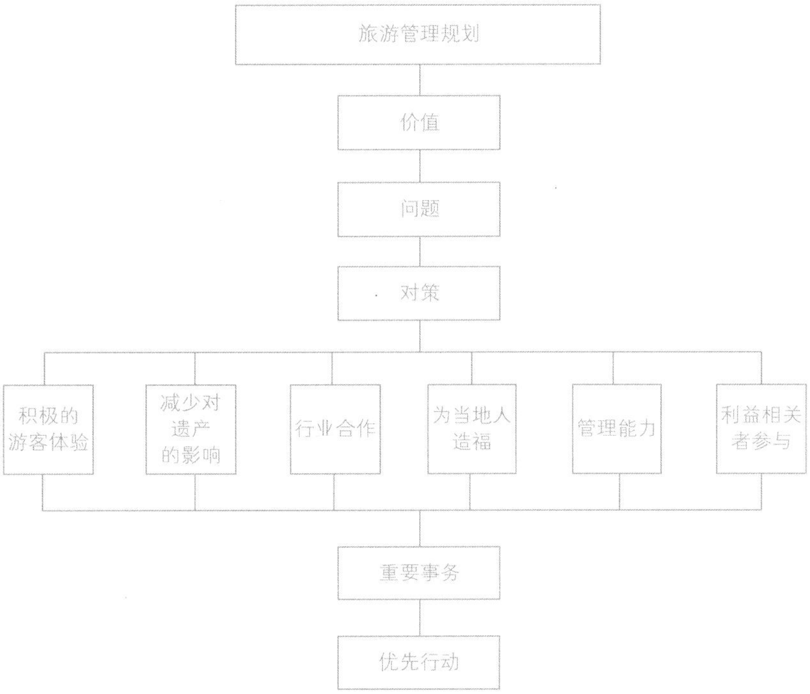


基于上一节所述吴哥古迹的价值，TMP所确定的吴哥旅游所面临的主要问题包括：

1. 游客管理：TMP指出，近年来，吴哥迎来了越来越多的游客，加强对旅游业的管理，在特定的遗产地点限制游客数量，是非常必要的。

2. 了解和传播遗产的价值：吴哥古迹的世界遗产价值中并未对其自然和精神价值予以充分的承认，由此，TMP指出，要保护并向观众传递吴哥的神圣性，以及环境、水文与社会文化方面的价值，而不仅仅使他们的体验局限在考古、美学、建筑和艺术这几个方面。

3. 遗产所受的影响：旅游给吴哥古迹带来的负面影响包括对古迹的人为损坏、环境恶化、交通拥堵、乱丢垃圾、不当停车和道路老化等。此外，随着当地村庄和暹粒人口的增长，一些与发展压力相关的问题也逐渐累积起来，例如垃圾的处理，长期的水源供应和水质问题，以及不成熟的交通系统导致的空气污染等。

4. 游客体验、行为和安全：TMP指出，吴哥的旅游并没有根据市场需求进行区分，当怀有不同期望和要求的游客聚集在一起时，很容易产生问题。游客面临的隐患还包括缺乏第一时间的急救服务、服务设施的安全，以及来自其他游客、小贩的骚扰等。TMP同时指出，服务水平的高低可以对游客行为产生正面或者负面的影响。

5. 基础设施和交通：TMP指出，原有的基础设施已经不能满足日益上升的游客需要。需要进一步管理交通流量和缓解交通拥堵。除此之外，在寺庙内部和周围需要良好的基础设施，如厕所，公交、汽车和轻便三轮车的停车场，人行道，休息区等。

6. 当地居民：TMP指出，虽然APSARA局在开展一些社区参与项目来帮助当地的社区，但是，面对吴哥旅游业带来的商业和其他机遇，很多人还是无法负担起所需要的成本。随着游客在景区的优势地位日益提高，当地人对一些传统和文化行为的完整性感到担忧，对游客不恰当或不尊重的行为也感到忧虑。

7. 利益相关者的参与：TMP指出，应加强政府机构、社区、旅游和交通经营者、导游之间的联系，促进吴哥旅游业发展的各利益相关方之间的有效沟通和参与。

8. 综合管理：TMP指出，需要通过改善资源分配和贯彻法律法规，实现旅游的良好管理，要利用旅游业盈利所带来的有利条件，确保吴哥的保护、修缮和管理。

针对以上问题，TMP提出了六条主要的政策原则，针对每一条原则进行了详细的现状评估和对策分析，并给每一条对策提供具体的行动建议和时间规划。这六条原则包括：

（一）促进积极的游客体验

TMP首先分析了这方面存在的问题，如现场的信息不充分或已经过时；游客对吴哥了解不够、只期待参观最重要的寺庙，并且不清楚吴哥的宗教和精神意义，可能会做出不恰当的行为；他们对于APSARA局也了解甚少，其网站上发布的旅游实用信息有限；寺庙里声音嘈杂，小商贩也会打扰游客；以及缺少急救措施和应急预案等。

针对以上问题，TMP提出了十条应对策略，包括传递恰当有效的信息、为游客提供整体介绍、进行价值解读、提升现场体验、研究各国游客的不同需求等，而每条策略后又会提供具体的行动建议，实施期限和优先级别。如针对“传递恰当有效的信息”这一策略，TMP提供的行动计划如下：

| 行动建议 | 时间 | 优先级别 |
| --- | --- | --- |
| 为吴哥世界遗产建立一套综合性的标识策略 | 一年 | 高 |
| 确保信息一致，通过增加员工的知识储备、增设标牌以及进行价值解读，进一步提升游客可获得的信息量 | 持续 | 中 |
| 编制并分发全新的游客参观指南手册，鼓励游客举止恰当，提升游客对遗产价值的认识 | 持续 | 高 |
| 在APSARA局网站上发布更多的参观信息，尝试使用社交媒体 | 三个月 | 高 |
| 组织第三方发布适当的在线信息，帮助国内外游客获得准确信息 | 持续 | 高 |
| 积极开展口碑宣传，鼓励游客多停留或重回吴哥 | 持续 | 中 |

（续表）

| 行动建议 | 时间 | 优先级别 |
| --- | --- | --- |
| 完成和提升整个遗址内的标识系统 | 持续 | 中 |
| 重视各类节日，制定每年的文化活动日历 | 持续 | 高 |
| 举办应季的活动 | 持续 | 中 |
| 如有必要且条件合适，针对具有特定的精神和社会意义的场所做出信息提示，并在这些地方提供恰当的指引 | 持续 | 中 |
| 发布更多关于寺庙保护的信息，包括在国际保护实践中融入的各种理念 | 两年 | 低 |
| 与旅游部共同组织或参与国际旅游展览和贸易展览会 | 每月 | 高 |
| 组织吴哥旅游年会 | 每年 | 高 |

（二）减少对遗产的影响

通过调研，TMP指出，吴哥古迹所受的旅游负面影响主要包括：游客量过多，可能超过遗址的承载能力；交通和停车问题；空气污染；游客的不当行为（穿着、攀爬古迹、闯入禁区、涂鸦、制造噪音等）；环境影响（森林砍伐、水污染和过度开采地下水等）等。

针对这些问题，TMP提出了九条应对策略，包括基于参观数据确定吴哥古迹整体及大型寺庙单体的游客承载能力；将游客疏导到整个吴哥古迹，使其体验多样化，并减小对于个别遗址的压力；通过行为准则和现场管理等手段，确保游客和古迹内所有人员的行为恰当；对重要的寺庙进行单独管理，从而更好地回应现场状况和市场需求；通过编写交通规划、调整交通线路等方式，打造安全、可持续，符合遗址状况和市场需求的交通；对游客影响加以监测等。

（三）行业合作

TMP指出，在新的旅游路线或规则出台之前，政府部门并不征询旅游业的意见，旅游机构与APSARA局等政府部门之间也缺乏有效的沟通渠道，很难及时获得重要的行业信息或帮助，目前也尚未制定旅游业的行业准则。

TMP提出的应对策略包括，加强沟通和信息共享，建立政府与旅游业之间的行业合作机制，让相关审批流程更加高效、人性化和透明化，以及出台行业标准等。

（四）为当地人民提供福利

TMP指出，旅游给吴哥当地社区造成的影响主要包括：游客对当地文化不够尊重，一些不当的行为举止对当地人产生了影响，部分当地年轻人也不再愿意从事传统的谋生方式，不遵守传统的社会规范和行为方式，也有一些孩子为了减轻家庭负担，成为小贩，不去上学。此外，TMP指出，在吴哥旅游中缺少对于当地社区的充分宣传，游客与古迹周围居民间的联系甚少；现场销售的纪念品也并非都是当地制造，一些导游在未获得佣金的情况下并不会推销当地的纪念品，而由于语言等方面的原因，部分居民也不具备从旅游行业中谋取经济利益的能力。TMP的调研也表明，一些当地居民认为目前对于修缮和建设房屋的规定过于严格，人们未充分了解吴哥古迹内的管理要求，并且也不是所有居民都接受过关于吴哥遗产价值的培训。

TMP提出的应对策略包括：明确吴哥古迹作为圣地和活态景观的特点和地位，并相应地加以保护；支持本地手工品生产，并努力为当地居民和僧侣创造经济效益，并且更好地鼓励社区参与和改善社会福利等。

（五）管理能力

TMP指出，吴哥旅游在管理方面的问题主要包括：APSARA局的内部资源有限，个别部门的职责有重合，分工不够明确，且缺乏旅游管理所需的信息技术；遗址现场员工缺乏足够的责任感和应急能力；需要加强对寺庙内兜售和乞讨行为的管理；目前的票价体系不能细分游客市场，也不能对遗址内的客流管理起到辅助作用；参与吴哥现场管理的各个政府部门，如APSARA局、遗产警察及旅游警察之间分工不明确，相互之间的协调也需要加强。

TMP提出的对策包括，由ICC协助TMP的实施，并监测其效果；提升APSARA局和旅游部及其他政府部门间的沟通与合作，确保TMP项目的顺利实施；改善APSARA局和其他相关部门的人力、财政等资源；为TMP的实施提供充分的法律法规保障；由APSARA局负责收集、管理与吴哥旅游有关的信息，并向员工和利益相关者开放；定期监测和评审TMP的执行情况，并向柬埔寨政府和ICC提交进度报告等。

（六）与利益相关方友好协作

TMP指出，应建立一个开放的参与机制，通过政府部门内部以及与旅游业、NGO和当地社区之间的沟通、协商和合作，对吴哥的旅游业进行更有效的管理。

在提出了上述整体性的策略和措施后，TMP从中总结了11项能够改善吴哥旅游管理的重大事项，包括各个寺庙现场的综合管理、客流管理、交通系统、游客指南、游客服务和体验、导游培训、当地工艺品开发、票务、产业合作与沟通、整合周边的旅游资源以及ICC监测。

在以上框架内，TMP又确认了一些需要尽快开展，并能很快收到成效的优先行动，包括安排专人负责TMP的实施，对吴哥古迹整体及各主要寺庙开展承载力研究，在主要寺庙设立管理处实施综合管理，根据市场需求等指标对寺庙进行分类管理，推动新的交通系统，编制游客服务规划，对导游进行重新培训，为游客、导游和旅游从业者制定行为准则，实施与旅游业的协商和交流措施，更新APSARA局的网站，支持原创工艺的认证与销售，保护和展示暹粒的城市遗产，为荔枝山制定战略性规划等。

## 三、《吴哥旅游管理规划》实施情况

APSARA局成立了专门的TMP小组，由新提拔为APSARA局副局长的索松瓦（Sok Sangvar）领衔，牵头负责TMP的实施。近年来该小组取得的主要成果包括：

1. 增强旅游管理方面的人员建设。TMP团队至今已招募了二十多名寺庙管理者，并对其进行专门的世界遗产管理培训。

2. 提升公众宣传与服务。2017年2月，TMP团队牵头推出了新的英文游客服务网站（http://www.angkor.com.kh/），旨在为游客提供更为有效实用的旅游信息。此外，据索松瓦副局长介绍，他们将在各寺庙增设柬文、英文和中文说明牌，介绍寺庙历史背景、风格特征等相关内容。

3. 改善旅游环境。TMP团队在吴哥古迹范围内清除了四百余块广告牌，禁止汽车通行吴哥通王城的小东门，并在古迹范围内规划设计自行车路线。其中从巴戎寺到吴哥窟的一段已经完成。

4. 加强游客管理。一方面，TMP团队牵头编制了《吴哥游客行为准则》[①]；另一方面，据索松瓦副局长介绍，他们与售票处合作，对访问吴哥的游客数据进行整理分析，并对游客行为进行研究。他们针对吴哥窟、塔布隆寺等游客量较大的寺庙进行调查，收集游客参观路线、停留时间等方面的信息，希望通过管理有效引导游客流量，从而提升游客参观体验并减少对寺庙的负面影响，而对游客行为的研究和数据收集分析也将有助于他们制定针对不同人群的旅游规划。目前，APSARA局已在塔布隆寺开始了客流管理，游客只能在指定区域活动，参观方向和参观人数都受到了控制。

## 第四节 “吴哥参与性自然资源管理和生计项目”研究[②]

虽然每年来到吴哥古迹的大量游客为这里带来了巨大的财富，但并非所有当地人都能从中受益，暹粒地区在柬埔寨全国也依然属于贫困水平。为了改善当地居民的生活水平，让其从遗产的保护中受益，从而确保整个吴哥古迹的可持续发展，2007年，APSARA局与新西兰政府合作，启动了“吴哥参与性自然资源管理和生计项目”（Angkor Participatory Natural Resource Management and Livelihoods Programme，以下简称APNRM&L）。

① 参见第三章第二节。

② 本节相关资料由新西兰驻柬埔寨、老挝、缅甸与泰国使馆提供。

## 一、项目目标和主要阶段

APNRM&L项目旨在通过可持续的经济发展，改善吴哥古迹周边社区的贫困状况，同时保护遗产及其自然环境。具体来说，APNRM&L的目标包括：

- 为吴哥古迹内社区提供可持续的生活机会；
- 实现对自然资源的可持续性利用和管理；
- 推动当地社区参与到公园的可持续性发展和保护当中；
- 增强APSARA局的职能，推动其实现管理目标。

2012年5月，在项目实施了五年之后，为了使其更具有针对性，项目组根据实际情况把以上四个方面的目标调整为以下三条：

- 将公园内社区的生计方式由利用自然资源转变为利用旅游资源；
- 加强社区在发展和保护过程中的参与程度，从而加强遗址公园的可承载量，推动对公园可持续性的管理；
- 增强APSARA局的职能，推动其实现管理目标。

项目主要分为三个阶段实施。

第一阶段从2007—2008年，主要致力于项目实施文件的编写，并逐步开展以社区为基础的测绘。与此同时，APSARA局在土地规划与住所管理司下设立了社区联络小组（Community Liaison Team，简称CLT），并邀请国际专家对联络小组在社区参与和环境教育方面进行培训。

第二阶段自2008—2012年，项目组选定两个村庄作为试点，开展相关培训工作，并与村民合作编制村庄规划。与此同时，项目组积极向吴哥考古公园内所有的居民宣传本项目，并利用气球和小型飞机，完成了一系列社区测绘图。

第三阶段自2012年底至2013年9月。这一阶段项目组扩大了试点范围，选定了考古公园里的10个村庄开展项目。这10个村庄大多位于郊野，其中卡纳桑戴（Khnar Sanday）村的土地面积较小，而库查克（Kouk Chak）村则更靠近暹粒市，面临更大的人口压力，因此整体来说有比较好的代表性。根据2012年的人口估算，这10个村庄的人口约为15723人，占吴哥考古公园内一共112个村庄总人口的10%左右。据统计，共有约3362人参与到APNRM&L开展的各类培训和教育活动中。

## 二、项目主要内容

APNRM&L项目的最大特色是其“参与式”，即始终非常重视与村民等利益相关者的沟通协调。如在项目启动之初，项目组通过广泛的现场调研，确定了村民所面临的主要问题。除了在之前已经得到明确的问题，如贫困、教育与技能发展、健康与社会事务、自然资源管理、不了解APSARA局的政策等，项目组还发现了两个新的问题，即洪水和季节性的食物短缺。

在具体项目的设计过程中，APNRM&L也始终以村民的生计所需为导向，下表列出了其基于村庄现状所制定的对策。

| | 村庄现状 | APNRM&L 的回应 |
|---|---|---|
| 1 | 社区内70%的居民为农民，大约50%的农民有0.01~0.015平方千米的小块耕地，公园内75%的居民存在粮食短缺 | 提供相关的农业技术，为一些典型的家庭提供粮食保障和生计 |
| 2 | 56%的手工业家庭面临着市场问题，94%的民众呼唤建立手工业协会来满足市场需求 | 协助组建手工业协会，提供技术、培训、材料和学习参观 |
| 3 | 超过90%的当地居民需要向社区之外的机构申请贷款 | 协助社区建立社区内部的集资互助组织 |
| 4 | 公园内大约90%的居民需要干净的水 | 提供净水设备和技术培训 |
| 5 | 80%的年轻人将英语视为与外国人沟通的主要语言 | 为当地的年轻人提供英语培训 |
| 6 | 当地社区从旅游业中获得的收益微乎其微，91%的当地居民发现游客只是路过甚至根本不进入他们的社区 | 促进社区旅游业的发展，为游客提供游船观光、餐饮服务和手工业生产等 |
| 7 | 洪水是对社区造成破坏的直接原因，直接影响庄稼、人们的工作和健康 | 发展水利基建，减少洪水的负面影响，保障人们的工作机会 |

项目具体包括能力建设、改善民生和参与式自然资源管理三方面的内容。

（一）能力建设

与项目相关的能力建设主要包括对村民的宣传和培训以及APSARA局自身沟通和民生建设能力的提高。

如前文所述，在吴哥古迹保护的第一个十年，由于文化遗产意识、管理能力等方面的局限，APSARA局在遗产保护管理的工作中与村民的关系较为紧张。本项目的一大目标，就是让这一状况得以改观。为此，APSARA局从内部多个相关司室抽调人员组建了社区联络小组，专门负责社区沟通和发展事宜。

通过培训和工作中的实际锻炼，联络小组的工作人员有效提升了社区发展技能，在村民及其他利益相关者与APSARA局之间创建了一个有效的沟通渠道。他们在10个试点村庄中张贴宣传海报和播放关于遗产保护的动画片、纪录片，培养村民的保护和合作意识，并且与相关的非政府组织合作，举办专题研讨会，如讨论如何将当地的僧侣吸引至遗产管理中。

联络小组还在各村确定联络人，监督项目的开展情况，并协调小组与村民间的沟通交流。这些联络人在宣传遗产保护理念，促进村民与APSARA局互信上作用明显。

以上努力不仅提高了各方对于遗产保护的意识和能力，APSARA局与利益相关者的紧张关系也得到了有效改善。

（二）改善民生

为了改善村民的生活，项目组在试点村庄积极开展改善基础设施的各项行动。如为了减少疾病，他们为村民安装了滤水器，并且通过安装节能灶和太阳能设备，让村民从环保实践中受益。而通过改善村里的水利基础设施，不仅降低了洪水的频繁发生，还有助于维系古迹地基的牢固，并通过灌溉和渔业，为社区带来更多的经济机会。

（三）参与式自然资源管理

从项目伊始，APSARA局即启动了对于吴哥古迹整个遗产区缓冲区的分阶段航空测绘工作，为自然资源管理提供了良好的基础条件，并针对每一个试点村庄编制了土地利用规划，提高了土地利用的效率。

针对大部分村民为农民的现状，项目组在试点村庄建设了32个示范农场，推广集约化的水稻种植，并对养鱼和蔬菜种植等进行示范。示范农场的农作物产量和收入都要超过传统做法，因此在村民间起到了良好的典范作用。通过组建手工艺品协会，让吴哥当地生产的工艺品和国外流入的产品相比在价格、品种、销售渠道和质量等方面都更具优势，让大量的家庭受益。此外，项目组还尝试在村庄开设牛车游览、坐船旅行和垂钓等活动，既丰富了游客的体验，又为村民的增收创造了新的途径。

针对古迹周边用电困难的情况，APNRM&L项目建成了两座太阳能发电站，主要供应遗产区内的用电。这两座发电站每月有200—300美元的收入，其中50％补贴给当地的工厂，15％用于发电站的运营和维护，20％支付社区员工，15％—20％用于社区基金。

## 三、项目成效

通过上述努力，项目取得以下几个方面的积极成效。

1. 让村民获得经济利益：通过推广新的种植技术，组建手工业协会、建设太阳能发电站和开发新的旅游项目等方式，APNRM&L让试点村庄的村民切实感受到了增收的喜悦。

2. 推动环境保护：太阳能的应用和水利设施的建设有效地解决了能源短缺和环境污染的问题，而良好的环境不仅对旅游业有促进作用，也大大提高了村民们的生态意识。

3. 改善官民关系：根据统计，在项目启动之初，有94％的村民认为APSARA局是对社区进行官僚化统治的机构，而不是前来给予他们帮助的。经过项目的实践，特别是项目所建设的各种设施，人们逐渐认识到了APSARA局的使命和角色，也更加主动地支持和融入吴哥的遗产保护事业中。

## 第五节　本章小结

本章对吴哥古迹保护管理的体系进行了梳理，可以看出，经过二十多年的努力，吴哥古迹已经具有比较完善的保护管理体系：古迹的保护区划和保护机构通过国家立法的形式得以明确；遗产管理框架对于已有保护和研究成果进行总结，明确了存在的问题，并从整体上指明了吴哥保护的方向；《旅游管理规划》等专项规划和文件针对吴哥保护管理中的重要方面，展开深入研究，并提出了翔实的应对方案与措施；吴哥参与性自然资源管理和生计项目作为吴哥民生项目的代表，是APSARA局和民众合作共赢的典范。

但也需要看出，吴哥古迹的保护范畴已经远远超出了人们对于文化遗产保护的一般认识，涉及社会发展的方方面面，为了与之相适应，上述关于吴哥保护管理的文件，也往往难以在整体性建议和具体措施之间找到最佳的平衡点，很多还是在原则上提出应对的方法和措施，需要以APSARA局为首的相关部门制订更具体详细的行动计划加以落实。而在现实当中，并不是每一个具体项目的进展情况都令人乐观。

如在《旅游管理规划》中提出的，通过票价机制丰富游客体验，并对客流加以科学控制的建议，就并未得到有效落实。事实上，根据APSARA局提供的数据，近年来外国游客到访吴哥古迹的数量稳定在每年200万左右[①]，这对游客进行精细化管理并提升服务来说，原本是一个良好的契机，但吴哥票务管理机构所做的只是在2017年初

---

① 2013年的国际游客数量为2021715人，2014年为2059702人，2016年为2197254人。http://apsaraauthority.gov.kh/?page=detail&menu1=860&ctype=document&id=860&ref_id=13&lg=en.

提高了各档门票的票价[①]。

此外，虽然在各份文件中都提出了要改善APSARA局的宣传和沟通能力，但APSARA局的网站建设依然未有大的改观，大部分的资料也都仍然只提供柬语版本。而APSARA局各部门间的沟通与协调，其改观相信也要耗费时日。

① 从2017年2月1日起，吴哥古迹的单日票从20美元上涨到37美元，三日票从40美元上涨到62美元，周票从60美元上涨到72美元。

# 下 篇

# 吴哥保护行动的
# 国际力量研究

在ICC的组织协调下，从吴哥国际保护行动启动以来，共有30多个来自各个国家和国际组织的机构参与其中。本篇第五章对ICC的运行机制加以研究，第六章基于实地的调研与访谈，探讨法国、日本等吴哥国际保护行动的主要参与方的援助模式与特点，第七章对我国援助吴哥古迹的工作进行回顾，并基于本书的研究，对我国今后的文化遗产国际合作工作提出建议。

## 第五章　保护吴哥古迹国际协调委员会（ICC）研究

成立于1993年的ICC作为国际协调机制的产物，协助APSARA局以会议和专家咨询的方式，对各国参加吴哥保护和研究的机构提供协调和建议。本章将系统梳理ICC的职能及运行机制，并对其现状加以评估。

## 第一节　ICC的运行机制

### 一、ICC成员

ICC《内部管理条例》[①]于2008年12月通过，并于2009年5月加以修订。该文件规定，ICC的成员为东京政府间会议（1993年）和巴黎政府间会议（2003年）的50个与会国家和国际组织，包括柬埔寨、加拿大、丹麦、埃及、西班牙、美国、俄罗斯、法国、希腊、匈牙利、印度、印度尼西亚、意大利、日本、韩国、中国、新加坡、斯里兰卡、瑞典、瑞士、泰国等37个国家，以及欧盟、亚洲发展银行、联合国粮农组织、国际文物保护与修复研究中心（ICCROM）、国际古迹遗址理事会（ICOMOS）、世界旅游组织和UNESCO等13个国际组织。该《条例》还规定，未参加东京政府间会议和巴黎政府间会议的国家，可要求以观察员身份参加ICC会议。

在现实中，并非所有ICC成员都会参加每年的ICC会议，目前在ICC中比较积极的除了两个主席国日本和法国，主要是仍然在吴哥开展工作的国家和国际组织，包括中国、印度、德国、韩国等国，以及ICCROM、世界古迹基金会等国际组织。

### 二、ICC的主要职能

根据ICC《内部管理条例》规定，作为一个由多个国家和组织机构为保护和发展吴哥古迹提供援助而组成的国际协调机构，ICC的职能包括：

---

① ICC-Angkor, 20 Years of International Cooperation for Conservation and Sustainable Development: 130-135.该《内部管理条例》中文译文见附件5.1

• 了解暹粒—吴哥地区遗址现场的科学项目和开发作业，必要时制订所需的技术和财务标准、提出相关各方应注意的事项；

• 实施吴哥古迹科学、保护和发展项目的磋商、评估和跟踪程序；

• 协调吴哥古迹保护的行为准则和措施方面的文件制订工作（保护、展示和发展）。

多年来，ICC主要通过每年两次的会议对吴哥保护与开发的相关事项进行商讨和审议，并通过两个专家小组对各工作队开展的保护与开发项目进行技术评估与咨询。

在此之外，ICC的另一大成就是在吴哥保护实践的基础上，通过整整10年的反复商讨，牵头编制了《吴哥宪章》。

## 三、ICC会议

根据《内部管理条例》的规定，ICC每年召开两次会议，一次为全体会议，另一次为技术会议。全体会议通常于每年的12月初举行，由法国和日本驻柬埔寨大使联合主持。参会人员通常为ICC正式成员国驻柬埔寨大使或官员及相关国际组织的代表，同时也会邀请各技术团队参会。发言及讨论内容主要针对吴哥保护的总体政策方向、可用资金公告和吴哥新项目筹资事项等。在会议上通过技术会议提出的建议，决定下次技术会议需解决的问题，并批准新提出的吴哥古迹保护或发展项目。

技术会议则通常于每年的6月初召开，由法国合作与文化事务官和日本大使馆公使衔参赞联合主持，ICC成员派技术代表参加。正在吴哥开展活动的各国团队均要报告其工作情况，并对专家组提出的建议做出回应。此外，会议上还要讨论和处理全体会议提交或由各工作队提出的具体技术事宜。技术会议起草建议，提交全体会议最终表决通过。

近年来，由于吴哥古迹保护和发展的项目越来越多，会议议程也越来越紧张。为了应对这一变化，提高沟通和交流的效率，从2015年开始ICC的技术会议改为每年召开两次，一次安排在6月，一次安排在12月与全体会议一起，并且在会上只安排一些重要的项目进行汇报，其他项目的报告以书面方式呈现。

最近几次ICC会议分别是于2017年6月召开的第28届技术会议，以及2017年12月召开的第24届全体会议暨第29届技术会议。在这几届会议上，各国代表主要讨论了吴哥窟西神道、西梅奔寺、巴肯寺、巴戎寺、茶胶寺、塔布隆寺等古迹的修复工作，以及吴哥游客设施建设、荔枝山保护与开发等可持续发展方面的项目。

在年初和年中的会议之间，还会召开一次四方会议，来自APSARA局、法国和日本大使馆，以及UNESCO的代表出席此会议，在会上批准观察员提交的参会申请和会议发言人名单，并处理所有突发事件。

ICC的预算每两年为一周期，由UNESCO、APSARA局、日本和法国四方共同出资。2014年，据时任ICC秘书处协调员的林文福（Lim Bun-Hok）告，ICC每年举办两次会议的预算为11万美元左右。在经济危机之前，ICC50%的运营资金来自UNESCO，但近年来由于受经济危机影响，来自UNESCO的经费被大幅削减，四方资金的比例目前为3 : 3 : 3 : 1（UNESCO承担10%，主要用以提供ICC秘书处员工的薪酬）。而到了2017年，据ICC科学秘书阿兹丁·毕肖克（Azedine Beschaouch）教授介绍，四方出资的比例变为APSARA局承担40%，日本和法国各承担25%，UNESCO继续承担10%。

图5.1　第28届ICC技术大会（图中发言人为ICC科学秘书阿兹丁・毕肖克（Azedine Beschaouch）教授，左2为前ICC协调人林文福（Lim Bun Hok）（左）

图5.2　国家文物局刘曙光副局长在第23届ICC全体大会上发言（右）

作为ICC的联合主席国，日本和法国除了在ICC会议上派代表担任联合主席，还承担以下职责：

1. 批准会议议程；

2. 指导ICC秘书处在具体项目中协助专家工作；

3. 就预算拨付事宜与各自政府进行联络；

4. 与柬埔寨政府就关于遗址的其他具体事宜进行磋商。

## 四、ICC特设专家组

在具体工作中,ICC得到两个特设专家组的技术支持。负责保护工作的专家组（考古、建筑、铭文等领域）成立于1997年，最早由三位专家组成，包括一位工程师和两位建筑师，之后由于认识到考古的重要性，又增补了一位考古方面的专家。四位专家由两位联合主席各推荐一名，余下两名分别来自ICOMOS和ICCROM。专家们的工作是无偿的，UNESCO仅仅为其报销往返吴哥的交通和生活费用。

之后，由于向ICC提交磋商审议的投资项目倍增、吴哥旅游人数大量增长、周边暹粒地区的快速发展以及所有这些因素给古迹和自然资源带来的压力，突显了吴哥古迹保护工作的多面性。为应对此挑战，在于2006年11月举行的四方会议中，决定成立可持续发展特设专家组，由三位具备跨学科和互补性技能的专家组成，负责吴哥古迹及周边区域人类学、环境、经济、旅游等方面的事务。两位联合主席各指定一名专家，余下一名由APSARA局挑选。每位专家的经费也由其提名国直接承担。其中，法国与日本承担该国专家至暹粒的旅行费用，而APSARA局除承担本国专家的一切费用外，还需承担日本与法国专家在暹粒产生的所有费用。①

在每年两次会议召开前，负责保护工作的特设专家组会对各国技术团队正在进行的作业进行评估性考察，并在会议上基于现场考察提交报告；负责可持续发展工作的特设专家组也会对相关项目加以评估，并在会上报告结论。

---

① 两个特设专家小组的成员介绍见附件5.3。

图5.3　ICC专家考察茶胶寺工地

保护专家小组自ICC初期开始就积极指导各国考古与建筑队伍之间的开放式讨论。专家小组获准定期考察各个遗址、提出问题与建议，帮助ICC在APSARA局的支持下达成关于吴哥保护理念与方法的共识。而自2006年以来，可持续开发专家小组也为各方提供了从旅游管理和城镇规划到农业方面的广泛专业支持。可以说，两个特设专家小组为吴哥古迹开展的国际项目提供了大量的宝贵意见，是ICC对于吴哥古迹保护的重要贡献。

## 五、ICC秘书处

ICC秘书处是ICC的常设机构，设在金边的UNESCO驻柬埔寨办事处内。根据《内部管理条例》的规定，ICC秘书处主要承担以下职责：

- ICC会议筹备、组织和后勤服务；
- 向ICC会议与会方发送邀请函；
- 在联合主席的建议下起草会议议程；
- 记录、分发和跟进ICC会议提出的建议；
- 向ICC报告前期会议建议的实施情况；
- 发布ICC会议记录，技术会议纪要以英文和法文发布，全体会议纪要以高棉文、英文和法文发布，并包括APSARA局年度活动报告。

在日常工作中，对于由UNESCO信托资金资助的项目，秘书处负责制订和管理其预算；而对于各国直接资助的项目，如中国修复茶胶寺项目，秘书处仅负责跟进项目进度和ICC专家意见的执行。对于各工作队来说，如果在工作中遇到问题和困难，也可以向秘书处咨询，秘书处会负责联系合适的专家来回复。此外，吴哥的新项目动议也由秘书处来受理：如果某一国家或机构希望在吴哥开展新的项目，首先需要向秘书处提交一份项目申报，再由ICC提交专家组讨论；如果该项目是由一个新的国家提出的，那么还需与APSARA局协商。

秘书处的日常工作由两位专职工作人员，即ICC协调员及其助理承担。与此同时，APSARA局也向ICC秘书处委派代表，位于金边的秘书处一般会通过邮件与这位代表联系，保持双向的信息畅通。每年的ICC会议期间，这位代表和UNESCO金边办事处的文化专员会对秘书处的工作加以协助。

此外，为了加强ICC与柬埔寨政府及国际社会的沟通与交流，UNESCO还为秘书处任命了科学秘书。从1993年ICC成立以来，该职务一直由突尼斯专家阿兹丁·毕肖克（Azedine Beschauch）教授担任。他是哲学和考古学博士，曾多年代表突尼斯参加世界遗产委员会，并曾两次任委员会主席。作为国际文化遗产界德高望重的资深专家，毕肖克教授负责协助召集ICC会议，代表ICC在会议上发言，并确保柬埔寨政府、APSARA局与UNESCO间保持最高级别的联络。

## 第二节　对ICC的评价

多年的实践证明，ICC在吴哥保护与发展的各个领域都对APSARA局提供了切实的支持和帮助。双方的合作建立在平等互信的基础之上，深度和广度都史无前例，是保护吴哥古迹的最佳途径，已经成为国际援助和文化遗产保护的典范。我们所访问的各国工作队代表以及APSARA局的各级官员，无一不对ICC对于吴哥保护的贡献持积极称赞的态度。

当然，在看到ICC丰硕成果的同时，我们也需要看到ICC尚待完善的地方。如随着吴哥古迹保护开发项目的增加，不论是参会人员还是会议讨论的议题都持续增加，这导致近年来ICC会议的议程过于紧张而繁杂。如上一节所述，虽然ICC已改为一年召开两次技术会议，并选择重要的内容上会汇报，但会议的交流效果仍有待改善。

另一方面，各国对于相互交流又有着非常大的需求。如ICC特设专家组在近期给印度队塔布隆寺的建议中就提出要就石质文物的保护与其他专业力量展开交流，而石质文物保护也正是中国队在茶胶寺保护中面临的重要课题。

APSARA局的同事在访谈时也表示，有的国际机构只专注于自己的工作与研究，缺乏与APSARA局的沟通。 APSARA局期待与各个国家队之间的交流并非只停留在行政层面，而是在技术层面也得到加强。他们期望未来能拓展和深化吴哥国际合作中的交流形式，通过共同开展现场调查、工作坊、建立联合实验室等方式提升柬埔寨本国技术人员的专业素质。

针对各国工作队和APSARA局对于专业技术交流的渴望，ICC如何在现行全体会议和技术会议的基础上，进一步促进各方的沟通和交流，这无疑是值得ICC在今后的工作中加以探索的。

此外，对于新近颁发的《吴哥研究人员行为准则》等约束性文件，也需要ICC协助APSARA局加强宣传和推广的力度，以使各国能够更好地对其加以遵守。而对于以《吴哥宪章》为代表的吴哥国际保护的珍贵成果，也需要ICC代表吴哥国际保护的各方，在国际文化遗产舞台上积极加以推广。

另一方面，如一些APSARA局同事指出的，虽然ICC大会提供了广阔的交流平台，但是很多汇报和沟通还是停留在表面，且政治色彩也正在影响学术和技术的探讨。他们希望各方面能够切实利用好这一国际平台，提高专家学者在技术层面的深入对话。这一呼声，无疑反映了包括中国在内大多数吴哥国际保护参与者的愿望。

# 第六章　各国援助吴哥的历史与现状

图6.1　位于巴黎的法国远东学院图书馆（刘曙光拍摄）

吴哥古迹国际保护行动是全球迄今为止规模最大的文化遗产跨国保护项目，先后有30多个国家和国际组织的工作队以各种方式参与其中。本章将对吴哥国际保护行动中一些主要参与方，如联合主席国法国与日本，以及印度、新西兰等国援助吴哥的历史和现状予以梳理和研究。

## 第一节　法　国

作为吴哥的“重新发现”者以及柬埔寨的前宗主国，法国参与吴哥古迹保护的历程最为悠久。早在20世纪初，法国在远东殖民地的文化遗产负责人、法国远东学院学监卢内·德拉容奇耶（Lunet de Lajonquiere）就出版了三卷本的《柬埔寨古迹详述汇编》，成为学术经典。从

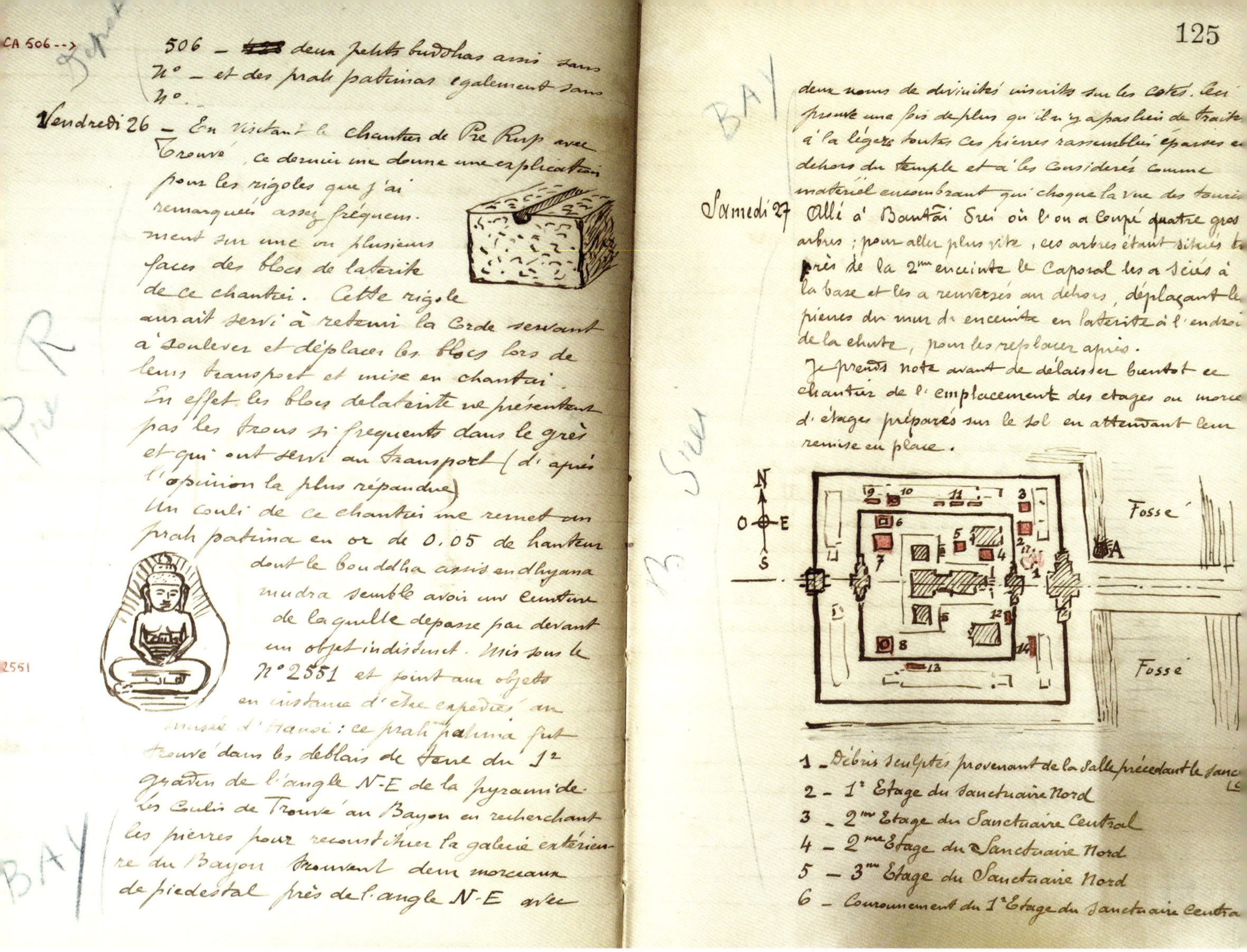



图6.2　法国远东学院所藏法国考古学家20世纪30年代东南亚地区考古笔记（刘曙光拍摄）

图6.3 癞王台现状

1902年起，著名汉学家伯希和着手重新翻译元朝使者周达观所撰写的《真腊风土记》。1907年，吴哥保护办事处（法国远东学院吴哥分部）在暹粒创建。在随后几十年里，该保护办事处投入了大量精力，在吴哥区域内外进行细致的数据收集和文件编制。

这些工作在1953年柬埔寨独立后仍继续进行，并在20世纪五六十年代达到顶峰。如对于巴方寺、赖王台和斗象台北石台的修复工作，就始于这一时期。但由于20世纪70年代柬埔寨局势的动荡，保护工作戛然而止。直到1993年，随着法国成为ICC

的联合主席国，以及法国远东学院重新回到吴哥，继续先前停下的修复工作，法国再次成为吴哥保护的领跑者之一。

法国援柬项目的主要实施方是法国远东学院吴哥中心（以下简称吴哥中心）。法国远东学院是一所专门研究南亚、东南亚和东亚文明的国家机构，成立于1898年，研究范围涉及历史学、人类学、民俗学、考古学、艺术、文献学等领域。

在国际援助吴哥古迹的框架内重启工作以来，除了延续巴方寺等先前因战争中断的项目，吴哥中心在吴哥开展的保护项目主要包括以下方面。

### 一、西湄奔寺修复

西湄奔寺建筑群坐落在西池几何中心的一个岛屿上，曾用来供奉毗湿奴。西池位于吴哥考古公园西部，是一个建于11世纪的大型水库。由于建筑的特殊位置，必须

图6.4　西湄奔寺工地

在其周边加筑隔离水面的缓冲地带。与此同时，APSARA局还在西池开展规模巨大的改造提升工程，也对项目造成了影响。这些都给项目增加了技术难度，对于吴哥中心和APSARA局合作团队来说都是第一次遇到。除了对建筑进行保护与修复，项目还致力于通过多学科联合行动（考古、修复和展示）向APSARA局传授技术。

## 二、考古调研

从2000年开始，吴哥中心与APSARA局合作对吴哥通王城展开考古调查，通过揭示城市在不同历史时期的空间结构，了解都城从始建到荒废的演化进程。项目成果包括：揭示了吴哥通王城建于更早的一座古代城市之上；探明了城区的考古遗存；绘制了城市鼎盛时期的版图；确定了城市主要构成因素，如街道、运河、水道和建筑物等。

从2001年开始，吴哥中心与悉尼大学及APSARA局合作开展了“大吴哥地区考古研究”项目，这是一个关于柬埔寨吴哥城市消亡的国际性多学科研究项目，旨在调查12—16世纪吴哥的广大区域里开荒造田与地区性生态破坏之间的关系。该项目将有助于确定古代吴哥的社会与空间组织及城镇体系的运行模式，探究吴哥为何、何时以及如何荒废，并揭示16—19世纪促成今日景观形成的转变过程。

## 三、可移动文物保护与研究

1996年，吴哥中心协助柬埔寨国家博物馆创建了修复工作室，为该馆及其他机构的文物保护提供了有力的保障，并为考古与碑铭文物的研究做出了贡献。

图6.5　采访多米尼克·苏迪夫（Dominique Soutif）博士（左）

图6.6　远东学院吴哥中心档案室（右）

此外，从1999年起，吴哥中心与柬国家博物馆合作，定期开办雕像保护修复研讨班。研讨班的内容不仅涉及保护和修复，还提供关于博物馆藏品研究与开发的知识，并促成了数个展览。近期的研讨班致力于对博物馆的藏品进行鉴定，对古代图像档案进行数据化处理，并将合作关系扩展到柬埔寨其他地区以及东南亚其他国家。

## 四、历史信息和档案的整理

2008年，法国远东学院启动了“古高棉空间”项目，旨在建立一个将远东学院百年来收集的考古学、碑铭学资料汇集在一起的数据库，包含档案、地理信息系统、照片、地图以及出版物。

根据吴哥中心负责人多米尼克·苏迪夫（Dominique Soutif）博士的介绍，吴哥中心的资金主要来源于法国教育部和外交部，此外法国外交部还负责提供大部分由法国负责的ICC经费。苏迪夫博士是柬埔寨铭文与考古方面的专家，也是吴哥中心常驻暹粒的唯一代表。此外，会有一些同事根据科研项目的要求到吴哥做时间不等的逗留，也会有一些博士生和法国远东学院奖学金获得者到吴哥短期工作。

吴哥中心与柬方合作的方式较为特别。首先是由法方出资，挑选合适的人选赴法学习。由于法国远东学院实际上是一个研究机构，并没有自己的教学力量，所以这些柬埔寨留学生会被送到法国的其他大学。待他们完成培训课程之后，再回到吴哥的工地与法国人一起工作，在实际项目中接受培训。这些人一般都会自始至终从事法国远东学院的项目，因此也能够得到较大的提升并成为考古方面的专家。经过多年合作，目前吴哥中心在吴哥当地的工作几乎都由柬方人员承担，并且也接收到柬埔寨实习的欧洲人。在吴哥中心驻地也有几位与法方长期合作的柬方专家，包括一位考古学家和一位摄影师等。

法国人还在吴哥中心驻地设立了自己的档案室，里面收藏有约30000张照片、300份平面图和其他专业杂志、报告等。与APSARA局的档案室不同，这里的文件年代相对更为久远，一些珍贵的原件保存在巴黎，档案室提供电子资源。苏迪夫博士表示，来这个档案室几乎是每一个吴哥工作者的必修功课。此外，吴哥中心在驻地还会定期举办学术讲座。

关于与ICC的合作，苏迪夫博士介绍，由于ICC专家组的主要关注领域是古迹修复，因此在考古方面吴哥中心拥有较大的自主性。

除法国远东学院之外，法国也有其他机构通过各种方式参与吴哥保护。如非政府组织吴哥爱好者协会自筹资金，直接与APSARA局联系，参与了吴哥与暹粒地区的水利开发和管理项目。

此外，在法国外交部和多个科研机构联合资助下，从2006年起，法国物理与环境地理实验室、布莱斯·帕斯卡大学与国家科学研究中心联合开展了茶胶寺周边森林砍伐加速砂岩风化研究项目。由于砂岩风化，茶胶寺的装饰立面受到严重影响，影响了90%的雕刻层装饰。项目根据摄影测量、小气候调查以及法国远东学院和集美博物馆提供的老照片，对茶胶寺和仍被森林覆盖的寺庙中的相似装饰图案进行对比分析。调查表明，自20世纪20年代清理茶胶寺周围的森林以来，砂岩风化程度加快了10倍。通过与其他遗址的对比，研究指出，森林遮盖可以保护装饰性砂岩免受气候侵袭。

## 第二节　日　本

1994年，在日本国际协力机构（JICA）和UNESCO的行政支持下，来自早稻田大学、东京大学、国士馆大学、东京农业与技术大学、名城大学、京都大学等学术机构以及相关工程公司的专家组成了日本政府保护吴哥工作队（JSA），在早稻田大学建筑学院中川武教授的主持下，开展援助吴哥项目。在1994—2005年的前两期修复项目中，日本队的主要工作包括修复巴戎寺的北藏经阁、吴哥窟北藏经阁以及十二塔的1号塔和2号塔，同时对巴戎寺中心塔结构稳定性和内部回廊浅浮雕展开研究，并着手编制《巴戎寺保护和修复总体规划》。

从项目第三期（2005—2011年）开始，日本队将其正式名称改为日本—APSARA

图6.7 日本队中的柬埔寨专家介绍巴戎寺项目

局保护吴哥工作队（JASA），突显了日柬的合作意味，并且体现了日本逐步向柬埔寨专家转交合作主导权的意愿。本期项目重点为修复巴戎寺南藏经阁。南藏经阁是巴戎寺整体建筑中损坏最为严重的部分，鉴于其危险性，未对游客开放。原先的砖石结构由约2600块砂岩构成，已严重变形，上层结构有坍塌的危险，平台内的夯土经年流失，结构松散。在施工过程中，日本队拆除了建筑的一部分，并在修复受损部位之后，重新堆叠了所有的石块，从而实现了对建筑的修复。值得一提的是，年轻的柬埔寨专家和工人在跟随日本队多年的修复工作中磨炼了技术，到此阶段已能独当一面，在常驻日本专家的协助下，完成了南藏经阁的一系列修缮工作。

JASA援柬项目的第四期始于2012年。本期项目重点是对巴戎寺中心塔基座实施稳定性措施和上部结构的加固，并完成内部浮雕的保护，包括修复其周边结构和危险区域，以及整修东立面建筑景观。

图6.8　奈良文化财研究所工地

除了JASA，日本还有许多其他机构活跃在吴哥保护发展的各个领域。如从2000年起，奈良文化财研究所与APSARA局合作，开始在西寺（West Prasat Top）进行包括考古、建筑和文物保护在内的综合性调查，并从2011年开始实施保护与修复项目。该项目首先对南圣殿地基进行了解体作业，并在拆卸过程中开展了岩土技术调查，以研究分析南圣殿下部地基的土壤结构条件。同时奈良文化财研究所还开展了标准渗透测试、土壤粒度和分布试验、承重试验和土壤含水量测试等工作。

图6.9　吴哥窟西神道保护项目现场

此外，从1993年至今，上智大学对吴哥窟西神道进行了保护与修复工程。工作组于1993年12月开始对西神道进行初步研究，并于1996年开始对柬埔寨专业人员和工人进行了相关培训。正式解体作业始于2000年。通过修复工作，还重新发现了建筑始建时的技术和工艺。

从2001年起，东京文化财研究所协同APSARA局，在塔内寺开展石质退化的环境与生物学研究。该研究的目的是弄清楚地衣、苔藓或藻类等微小植物，对吴哥地区石质古迹表面的影响，并采取妥善措施，防止石质退化。从2012年起，该所还在塔内寺开展建筑测绘培训，向柬方工作人员传授调查建筑遗产所需的基本技术与知识。

此外，日方机构对于吴哥地区的生态、民生和基础设施也给予了很大的关注与援助。如上智大学亚洲研究和人类发展中心在吴哥国际援助行动正式启动前，便活跃于吴哥古迹上。1991年，该中心启动了一个旨在推动当地居民与自然和文化和谐共处的项目。日方人员与当地居民合作，以社区发展和吴哥古迹保护相协调的方式来恢复其传统文化。

自2006年4月起，UNESCO协会日本全国联合会（NFUAJ）先后在吴哥考古公园内的两个村庄建立了社区学习中心，并结合其他经济社会综合发展项目，为百姓提供多种服务。针对包括小学生在内的很多柬埔寨人并没有机会参观吴哥古迹的现象，为了在柬埔寨人民大众中宣传柬埔寨文化遗产，该组织还与APSARA局和暹粒省教育和青年工作部合作，出版了第一本面向小学生的吴哥彩图书籍，以及学生课本和教师指南。

1996—2000年，JICA完成了暹粒水资源的总体规划研究，对暹粒的供水体系进行了评估。在报告中，JICA指出，由于过度开采地下水，暹粒的旅游和城市发展是不可持续的。由于暹粒城市基础设施的发展无法应对人口与游客数量增长带来的压力，暹粒省居民、游客和商业用水严重不足，从而导致无节制开采地下水，进而危及吴哥世界遗产地的安全，并限制了当地的发展。为此，应柬埔寨王国政府要求，日本政府自1996年开始，通过JICA对暹粒供水系统加以改进，到2006年项目完工，日供水量为8000立方米净水，可供22400名居民使用。为向所有居民提供用水，并制止无节制开采地下水，从2012年起，JICA再次追加额外资金援助，以帮助扩建和改造现有供水系统，力争在2018年将暹粒城市日供水量提高至60000立方米。

图6.10　采访中川武教授

为了进一步了解日本援助吴哥的相关情况，本书在撰写过程中采访了JASA负责人中川武教授（Prof. Takeshi Nakagawa）以及JASA常驻吴哥代表石冢充雅（Mitsumasa Ishisuka）。

中川教授指出，一个成功的项目有五个要点，第一是资金，第二是合适的目标，第三是制订计划，第四是管理，第五是维护和保养。

对于JASA与吴哥地区其他日本工作队之间的关系，中川教授介绍，各个工作队之间都是独立工作的，但同时存在一定的合作，主要是共享一些技术和信息，而合作的紧密程度一般取决于工作队负责人之间的私人关系，例如上智大学的独立性就要相对强一些。

中川教授每年会到暹粒的JASA工作站六七次以指导工作，同时另一位Suwaseki教授也会不时赴工作站指导。JASA常驻吴哥的只有一位，即中川的学生石塚充雅，除此之外的工作人员都由当地人构成。此外，其他日本工作队也会有自己的常驻代表，代表们之间也会不时交流。由于JASA在吴哥的时间最长、经验也最丰富，会向其他队伍提供物资和技术上的支持。

石塚自2009年读研究生时起，最开始每年三四次在吴哥短期考察，2012年毕业后开始常驻暹粒工作，积累了一定经验。他日常一般会每天到工地查看，主要负责工作队与日本国内、大使馆和短期专家的联系，遇到问题的话，也可以通过邮件与专家们联系。

JASA的柬方团队中，除工人外，有四位建筑师和三位考古学家。他们参与日本队的工作长达20余年，在项目中逐渐成长起来，对日常的工作都可以胜任。柬方人员也会自行控制施工质量，只有在遇到最新技术的使用和解决未知问题时，才会需要日本专家的帮助。项目进行过程中一定额度内的物资采购和预算管理也以柬方为主，只有在超出额度、需要和日本方面联系时，石塚才会协助管理和联系。除了JASA，奈文研工作队中也有不少柬埔寨专家，包括一位建筑师和三位考古学家，他们都在与日本队长期合作的过程中积累了丰富的经验。

资金方面，JASA的主要经费来源是UNESCO日本信托基金，此外APSARA局也会承担一部分项目经费。对于柬方专家，三位考古学家的薪资来自日本国内的科研经费，而四位建筑专家在为日本队工作的同时受聘于APSARA局，除了日本信托基金提供的经费外，APSARA局也会为其提供一部分薪水。

图6.11　奈文研工地的材料试验（上左）

图6.12　日本队的研究报告（上右）

图6.13　柬埔寨副首席索安（SOK An）在日本援柬展览开幕式上致辞（下左）

图6.14　中方工作队陪同日本队考察茶胶寺工地（下右）

中川教授介绍，在早期项目资金充裕的时候，他可以直接邀请一些机构来参与工作；但近年来由于政府预算下降，这些机构一般都需要独自申请经费，如奈文研工作队的经费即来自该院自主申报的经费。

日本队的援柬工作在以下方面给人留下了深刻影响，尤其值得我国对外援助工作学习借鉴。

1. 整个国家拥有完整的援外体系。以援助吴哥为例，日本政府首先通过担任联合主席占得先机，在具体的援助项目中又采取全面铺开的政策，以文物保护为先导，辅助以城市基础建设、居民教育等综合援助，影响深远。

2. 保护和研究工作细致严谨。早年为了推进巴戎寺整体规划的编制和保护工作的开展，日本队每年组织召开专题研讨会，并且至今还保持编制工作年报的优良传统。日本队的年报工作非常细致，其中文物修复的部分主要由柬埔寨专家撰写，石塚也会参与；而其他的部分则由相关领域的日本专家编写。全部完成后，中川教授与石塚会再次整理一遍。在采用修复材料前日本队也会先耐心细致地进行试验。

3. 把援助工程交由柬埔寨人管理的思路非常明确。如前所述，日本队对于柬埔寨专业力量的培养不遗余力，也取得了丰硕成果。这样做不仅响应了ICC的整体政策，也能在保证项目质量的同时减少日方投入，并取得良好的口碑，一举多得。

4. 善于宣传，善于交流。在严格保证项目质量的同时，日本队对于援柬工作恰到好处的宣传，也取得了良好效果。如2007年11月吴哥窟西神道项目第一期工程完工时，日本队邀请柬埔寨副首相索安和2400名村民参加竣工庆典仪式。1999年8月吴哥窟北藏经阁竣工后，邀请了诺罗敦・莫尼列太后出席竣工典礼。而2013年6月在金边召开第37届世界遗产委员会年会期间，日本政府还在会场举办了日本援柬工作展览，邀请到UNESCO总干事和索安副首相参加开幕式。日本同行对于对外交流也持非常积极的心态，如JASA与奈文研代表在我方考察其工地后，立刻表示希望回访，并在茶胶寺工地与我方进行了广泛深入的交流。

## 第三节　其他主要国家与机构

除了法国与日本，新西兰、印度、意大利、德国等国家以及ICCROM、世界古迹基金会(World Monuments Fund, WMF)等国际组织也在吴哥地区开展了卓有成效的保护与开发工作。各机构的援柬工作模式和侧重点各异，本节选择其中具有代表性的予以评述。

### 一、新西兰

新西兰政府参加吴哥保护的特点十分鲜明，即聚焦于改善吴哥地区的民生，中篇所述APSARA局主导开展的遗产教育和改善民生方面的工作，如勘察和划分遗产地土地、建立高棉聚居地展示中心、举行遗产培训、建设Run Ta Ek生态村等项目，几乎都有新西兰政府的支持。

根据新西兰驻柬埔寨、老挝、缅甸与泰国使馆负责发展事务的一秘布伦特·拉普森（Brent Rapson）先生的介绍，新西兰外交和商贸部自1998年以来便与APSARA局有着诸多合作，在2005—2007年，还协助APSARA局编制了《吴哥管理规划》。

此外，上一章介绍的“吴哥参与性自然资源管理和生计项目”，即由新西兰政府出资150万美元加以支持。该项目在双方签订的合作谅解备忘录的框架下展开，具体由澳大利亚的GML咨询公司负责实施，新西兰政府通过每3个月一次的工作报告来掌握项目的实际进度，并不定期派代表到现场进行考察。

图6.15　采访新西兰使馆一秘布伦特·拉普森（左）

图6.16　新西兰政府援建的水利设施（右）

## 二、印度

早在20世纪80年代国际援助吴哥行动开始之前，印度政府便借与当时柬埔寨政府的良好关系在吴哥开展了修复工作。但在1986—1993年，印度工作队为了清洗吴哥窟的苔藓和防止建筑被水侵蚀，采用了水泥等不当修复材料，导致许多雕刻细节被毁，并招致了广泛的批评。此后，印度队1995年提交的修复吴哥窟北藏经阁的申请被ICC驳回。直到2002年，经过漫长的双边协商，印度队才被允许重返吴哥。[①]对于这一历史，我们也无须过多指责印度队，它是吴哥保护初期各国在理念、技术等方面不统一、不成熟的真实反映。

① http://www.nytimes.com/2003/03/30/arts/art-architecture-cutting-through-angkor-s-wats-politics-and-banyans.html.

图6.17　塔布隆寺工地现场

此后的印度援助吴哥项目由印度考古局（Archaeological Survey of India，ASI）负责主持开展，主要负责塔布隆寺的修复。该局创建于1861年，负责印度全国的考古调查和考古遗址与古迹的保护。

塔布隆寺是吴哥古迹中最重要和最引人瞩目的遗址之一，其最特别之处就是遗址内经过历史变迁已经与古建筑融为一体的参天巨树。在项目启动之初，为了避免不断生长的树木对建筑结构的破坏，曾一度有将寺内所有大树锯除的计划。但最后考虑到塔布隆寺树寺合一的特殊景观，以及古树对于当地村民的神圣含义，经过反复商讨，塔布隆寺的保护方案以维持这一状态为原则。

根据塔布隆寺项目的主持人、印度考古局的素德（D. S. SOOD）博士介绍，自保护项目于2004年2月启动以后，印度考古局派出各个领域，包括考古、历史、碑文、结构工程、水文、地质、岩土工程、树木栽培、植物学和建筑等方面的专家，花了3年的时间对寺区进行了广泛调查研究。

除了常规的建筑基础、结构稳定性、水文以及岩土工程等方面的勘察，塔布隆寺前期工作中最值得一提的是关于古树的相关调查研究。来自考古局园艺部和印度森林研究所等机构的专家对寺区内的树木进行了细致的分类和记录。据统计，寺庙内共有大树约150棵，分为30多个不同的品种。这些树木大多数的高度在三四十米，最高的可达七八十米。通过研究，人们掌握了古树的生长速度、寿命以及对于建筑的负荷。同时，印度队还采用探地雷达对地底植物根系的运动进行研究。通过探测得知，大部分的树木根系都相对较浅，在探测到的2200条根系中，98%距离地面1米以内，没有超过2米的根系深度。随着树木的生长，会增加对石质建筑构件的压力，尤其是在风速很大的时候。为了理解各种力的相互作用，印度队对建筑物的水平和垂直位移、旋转、倾斜以及温湿度等环境指标展开监测，为之后保护工作的开展提供了基础数据。①

正式的修复工作始于2007年。工作队对寺庙建筑群各个组成部分逐个进行详细记录，并采用原物归位技术，对现有的散落部件重新进行组装，同时进行保护与修复，最大限度地保持其真实性和完整性。根据印度考古局制订的计划，整个塔布隆寺项目分为5个阶段，目前处于第三阶段。

---

① T. Lakshmipriya, Conservation and restoration of Ta Prohm temple, D' Ayala & Fodde (eds), Structural Analysis of Historic Construction , 2008,Taylor & Francis Group, London: 1491-1497.

根据素德博士介绍，印方驻吴哥人员均纳入印度政府的驻外体系，归由印度驻柬大使馆进行管理，薪资也按照使馆驻外人员标准发放。援助吴哥经费也由印度外交部通过驻柬使馆发放。素德博士需定期向印驻柬使馆报告资金使用情况，具体的技术问题则由印度考古局负责。印方常驻人员数量并不固定，而是根据项目特点及需要而定。素德博士自项目启动即开始在柬埔寨常驻，并从2007年起成为项目负责人，另有两名印方人员根据科研需要定期访问吴哥。作为主管，素德博士的工作职责涉及科研、管理和现场的方方面面，他白天在工地指导和查看修复工作，晚上开展相关研究工作。素德博士还自豪地介绍，ICC专家将印度队的工作视为典范，在ICC的推荐下，APSARA局也会就一些专业事项咨询印度方面。

2014年，印度和中国一起，被推选为援助柏威夏寺国际协调委员会的双主席国。这一方面是由于印度在东南亚的影响力，另一方面，也和印度队在塔布隆寺工作的严谨与细致密不可分。

## 三、ICCROM

除了各国政府派出的工作队，在吴哥古迹还活跃着许多国际组织，ICCROM是其中最具代表性的机构之一。根据ICCROM吴哥事务专员西蒙·瓦拉克（Simon Warrack）先生介绍，他最早于1992年就到访过吴哥，还清楚地记得当时吴哥罕无人烟、遍布地雷的场景。

瓦拉克先生指出，ICCROM主要专注于文化遗产的培训项目，由于成员国较多，早期以在其总部罗马开展国际培训为重点，专家也来自世界各地。目前则会开设一些

图6.18　采访西蒙·瓦拉克（Simon Warrack）先生

区域性的培训课程，以受过培训的当地人来做讲师，这样不仅能让培训的内容更有针对性，也促进了人才的循环发展。例如2014年ICCROM就有一个保护培训是针对印度、印尼、新加坡和柬埔寨等国的人员进行的，培训的讲师也来自上述几个国家。

1999年，ICCROM协助APSARA局举行了影响深远的塔内寺培训，20名培训学员包括建筑师、考古学家和工程师，在课程结束后有16人入职APSARA局。

2008年，ICCROM实施另一个项目，力图促进考古现场与博物馆的交流，从而使文物流动起来，并将一部分博物馆的文物返还到现场。ICCROM还与APSARA局合作开展石质文物技术研究，让人们首次得以根据巴戎寺浮雕所采用的高棉传统技术，对石刻和建筑进行重新处理。

目前，ICCROM在暹粒没有常驻员工，更多以授权使用其LOGO或颁发证书的形式来提升相关培训项目的影响力。

根据瓦拉克先生的看法，经过20年的吴哥援助，在中南半岛五国中，柬埔寨在文物修复方面的水平已经遥遥领先。他希望柬埔寨人能发挥带头作用，以讲师的身份参与到未来的地区培训中。对于APSARA局在未来是否能够完全接手ICC的工作，他认为，这在技术方面的问题不大，亟须解决的是APSARA局的管理问题，其重点应该放在行政管理、预算制定、财政透明和解决机构臃肿上。

鉴于其在吴哥保护中的重要性，ICCROM被邀请参加柏威夏寺的保护工作。据瓦拉克先生介绍，2012年，ICCROM与新成立的柏威夏寺管理局重启了培训项目。而2014年ICCROM也参与了对柬泰冲突在柏威夏寺留下的400多个枪眼的修复工作。这次项目由APSARA局的3位文物专家以培训的方式带领学生分3次进行。ICCROM参与了预算编制、制订工作计划、签署协议和协助解决技术问题等，瓦拉克本人也赴实地参与了第一次的修复，之后主要通过电子邮件给予指导。

图6.19　德国队保护项目

## 四、其他合作项目

除了以上提及的援柬机构和项目，其他一些国家和机构也值得一提。如美国世界古迹基金会历年来在吴哥窟“搅拌乳海”回廊、巴肯寺、圣剑寺等地展开的调查、研究与修复项目，意大利帕勒莫大学主持的图像遗产保护与修复国际培训，以及德国工作队在多处遗址展开的石质文物保护与培训等等，都是吴哥国际保护合作中的重要篇章。

此外，在各国援柬工作队与APSARA局开展的双边合作之外，在吴哥古迹还有许多涉及多个国家和国际组织的合作项目。如2012年初，来自APSARA局、法国远东学院、澳大利亚悉尼大学、柬埔寨机场公司、匈牙利印度支那公司、考古与发展基金、JASA和世界古迹基金会等8个机构的队伍组成了高棉考古学激光雷达联合会。联合会的目标是利用创新的空中激光扫描技术（Lidar）对柬埔寨西北部森林地区进行扫描。早先，在整个吴哥地区已利用空中数据与卫星数据，进行过多个考古测绘项目，但很多时候，植被掩盖了吴哥时期的遗迹。而采用Lidar技术可以穿过植被，生成极其详细的森林地面3D模型。2012年4月，项目组在吴哥、荔枝山和贡开共计370平方千米的面积上成功进行了飞行作业，所生成的激光雷达数据资料令人欣喜地再现了很多地区的城市空间，促成了具有世界意义的研究成果。该项目是到目前为止吴哥地区范围最广泛的研究合作，是世界上面积最大的考古激光雷达项目，也是在亚洲第一次在考古界大规模应用此项技术。

# 第七章　中国援助吴哥古迹的回顾与展望

作为吴哥古迹国际保护行动的倡导者和最早参与者之一，中国政府参加了历届吴哥保护政府间会议，并于1998年起派出工作队，先后对周萨神庙和茶胶寺展开修复工程。本章将对中国援助吴哥古迹的历史加以回顾，并结合上文的研究成果，对今后中国的文化遗产国际合作项目提出建议。

## 第一节　中国援助吴哥古迹项目概述

### 一、周萨神庙项目

周萨神庙位于吴哥通王城胜利门外约500米的道路南侧，与道路北侧的托玛侬神庙遥相对应。这两座寺庙建筑形式相似，同属于吴哥窟风格。周萨神庙面东而建，由11座单体建筑组成，其中中央圣殿、南北藏经殿及由围墙连接的四座楼门构成了寺庙的主体。整座寺庙东西轴线长约215米，南北宽46.2米，围墙内面积1650平方米，建筑面积1240平方米。

1996年初，应柬埔寨国务大臣的邀请，中国国家文物局派专家组赴柬对吴哥古迹及各国已经开展的工作进行了初步考察。柬埔寨政府对中国参与吴哥古迹的修复保护工作寄予厚望。西哈努克国王接见了专家组一行，并强调中柬两国人民的友好历史始于吴哥时期，希望能得到进一步的发扬光大。

图 7.1　法国远东学院藏周萨神庙老照片（由法国远东学院提供）

1997年，国家文物局再次派出专家组赴柬，选择了周萨神庙作为我国参加维修工作的具体项目。同年11月，柬外交和国际合作部致函中国驻柬大使馆，同意中国承担周萨神庙的维修保护项目，并由我国驻柬大使馆在ICC第七次技术会议上向国际社会宣布了这一决定。

1998年2月，国家文物局正式指派中国文物研究所（中国文化遗产研究院前身）承担周萨神庙的保护修复工作。中国文物研究所组织专业技术人员，于2—4月对周萨神庙进行了第一次勘察。主要工作内容是运用近景摄影技术进行建筑测绘，以及建筑现状调查。

1998年12月至1999年1月，中国文物研究所组织建筑、工程地质、考古、石质文物保护四个专业的技术人员，再次赴周萨神庙现场进行勘察工作。在对现场勘察成果进行整理的基础上，分别完成了《吴哥遗迹周萨神庙考古报告》、《吴哥遗迹周萨神庙岩土工程勘察报告》、《柬埔寨吴哥古迹周萨神庙建筑材料工程性能研究》、《昭(周)萨寺复原设计论说》等文件，为周萨神庙维修方案的制订提供了依据。

1999年3—5月，中国政府吴哥保护工作队（Chinese Government Team for Safeguarding Angkor，以下简称CSA）编制了《吴哥古迹周萨神庙保护与发展项目修复工程前期研究报告》和《柬埔寨周萨神庙南藏经殿、高架甬道及东神坛维修工程设计说明书》。前期研究报告制定了周萨神庙总体保护思路和维修原则，对建筑破坏原因进行了综合分析，初步确定了施工技术与方法，编制了工程进度安排计划和工程概算。单体建筑维修方案内容包括实测图、维修设计图、工程做法、施工进度安排及工程预算。相关成果和设想得到了专家的认可。

1999年6月，在金边举行的第六届ICC全体会议上，CSA向ICC秘书处正式提交了上述两份文件，APSARA局凡莫万（Van Molwann）局长在中方报告上签字，同意周萨神庙维修工程开始实施。

图7.2　施工过程（左）

图7.3　周萨神庙现状（右）

在基于ICC意见对施工方案和预算再次进行论证后，2000年3月29日，周萨神庙维修工程开工典礼在周萨神庙南门外举行。应邀出席开工典礼的贵宾有柬外交部大臣、文化和艺术部大臣、APSARA局局长、暹粒省第一副省长，以及维修吴哥古迹的各国工作队专家、当地华人华侨代表、当地群众等共300余人。

周萨神庙维修保护工程分四个阶段进行：第一阶段的维修项目为东神坛、高架甬道和南藏经殿。东神坛、甬道采用遗址保护的方法对现有构件修补、调整，使之保存了原有的风貌，工期约为6个月。南藏经殿采用整体修复的方法，将找到的构件全部归位，在结构部位添加了一些新构件并进行雕刻处理，于2002年8月完成全部工作。

图7.4　索安副首相在周萨神庙竣工典礼上发言（刘曙光拍摄）

第二阶段维修项目是南塔门和东塔门，这两个建筑采取局部修复的方法，从2001年12月南塔门开工，到2004年11月东塔门竣工，用了约3年的时间。第三阶段维修项目为余下的北塔门、北藏经殿、中央圣殿3个主要建筑，从2003年6月中央圣殿南抱厦维修至2007年6月3项工程全部完工。第四阶段维修项目为围墙、神道、地面、环境整理等附属工程。

2008年12月5日，周萨神庙保护工程竣工典礼在周萨神庙北门外广场举行，中外来宾和当地群众约800人参加了竣工典礼。

## 二、茶胶寺项目

2004年3月，中柬两国政府签署了《中柬两国政府双边合作文件》，将“帮助柬埔寨修复周萨神庙以外的一处吴哥古迹，在周萨神庙修复工程完工后实施”作为中柬双边合作的第一项工作内容。在与柬埔寨政府及APSARA局充分沟通的基础上，中方初步选定茶胶寺作为中国政府援助柬埔寨吴哥古迹保护的第二个项目。

茶胶寺现存遗址占地面积约46000平方米，主体建筑占地面积13100平方米，始建于阇耶跋摩五世时期，作为国寺供奉湿婆神。它依然延续着吴哥王朝开创之初建造巴肯寺的形制特征与传统，但又属于吴哥建筑史中一脉相承的庙山建筑，其建造处于庙山建筑形制的转型时期，是吴哥庙山建筑的里程碑。作为一座在历史上未完成的寺庙，茶胶寺本体建筑已经建造完成，但是石刻装饰只进行了一半，主要集中在塔门以及茶胶寺须弥台东面和南面东段，保留了珍贵的工艺痕迹，是研究吴哥寺庙雕刻施工工艺、工序的重要资料。

2006年4月，中柬双方签署了《中华人民共和国国家文物局与柬埔寨王国暹粒及吴哥保护管理局关于保护吴哥古迹二期项目的协议》，正式确认茶胶寺作为新的援助吴哥古迹保护项目。

2009年12月21日，时任中共中央政治局常委、国家副主席习近平访问柬埔寨，中柬两国政府就“中国政府援助柬埔寨吴哥古迹保护二期茶胶寺保护修复工程项目”签署正式换文。2010年11月27日，茶胶寺修复工程开工典礼举行，标志着茶胶寺保护与修复工程经过多年的前期勘察与设计阶段后，正式启动。

图7.5　茶胶寺庙山五塔排险加固工程施工现场（上）

图7.6　法国远东学院藏茶胶寺老照片，由法国远东学院提供（下）

图7.7　茶胶寺开工仪式（左）

图7.8　国家文物局代表团考察茶胶寺工地（右）

根据维修施工内容及施工组织工作计划，茶胶寺保护修复工程共包括建筑本体保护修复、环境整治、场地排水、须弥台石刻保护、考古研究、辅助设施建设等6项主要工作内容，工期一共8年。在茶胶寺建筑本体保护修复过程中，援柬工作队按计划完成了24个修复点，并在其基础上根据建筑实际情况又增加了3处内塔门的维修。

在茶胶寺的修复过程中，CSA比之前更加重视研究工作以及国际交流。中国文化遗产研究院与APSARA局、金边王室艺术大学合作组建联合考古队，自2011年始，先后4次在茶胶寺修复现场开展考古发掘工作。考古工作通过对茶胶寺外围基础、散水、通道、壕沟、水池等重点区域的勘探和发掘，进一步深入了解了茶胶寺的整体布局、建筑信息和文化堆积的分布等信息，为茶胶寺的保护提供了更准确的考古学依据，也有效地推动了中柬之间的学术交流。

此外，针对茶胶寺须弥台石刻存在的病害，CSA也积极与国外同行展开探讨和交流。如2013年5月，CSA在施工现场举办茶胶寺庙山须弥台砂岩石刻保护修复技术研讨会。来自中国和德国的文物保护修复专家共同针对如何保护修复茶胶寺庙山须弥台风化病害极为严重的砂岩雕刻，进行现场技术交流与学术研讨。

2014年6月，工作队再次在茶胶寺现场召开“中国政府援柬埔寨茶胶寺修复项目专题讨论会”。APSARA局相关人员、ICC专家及德国保护工作队专家等应邀出席会议。柬方及ICC专家对茶胶寺修复工作的进展表示肯定和赞赏，对茶胶寺的整个监测工作表示满意。而在每年的ICC会议上，工作队也会及时向各国同行介绍茶胶寺工作的最新进展，并积极回应ICC特设专家组在上届ICC会议上提出的建议。

与此同时，CSA与其他国家援柬工作队，尤其是法国远东学院的交流与合作也得到了长足发展。2016年6月，在巴黎举行的中法高级别人文交流机制第三次会议上，中国文化遗产研究院与法国远东学院签署了《科研合作协议》。根据该协议，两院将在东亚和东南亚地区的调查统计、保护修复、考古和文献调阅等方面展开合作，并在组织科研人员互相交流和科研成果出版与共享方面达成共识。2017年1月，两院又在暹粒召开了关于吴哥古迹保护研究的联席会议。会上，中法双方互相通报了项目进展情况和以往科研成果，商定在资料共享、人员互访、技术交流以及项目合作等方面建立长期稳定的科研合作关系。

在以上考古、修复与交流工作的基础上，茶胶寺工程还带来了丰硕的研究成果，如在第二章提到的《茶胶寺庙山建筑研究》、《茶胶寺修复工程研究报告》、《柬埔寨吴哥古迹茶胶寺考古报告》等出版物，为提升我国对吴哥古迹的研究水平，提高我国在国际吴哥研究中的学术地位起到了积极作用。

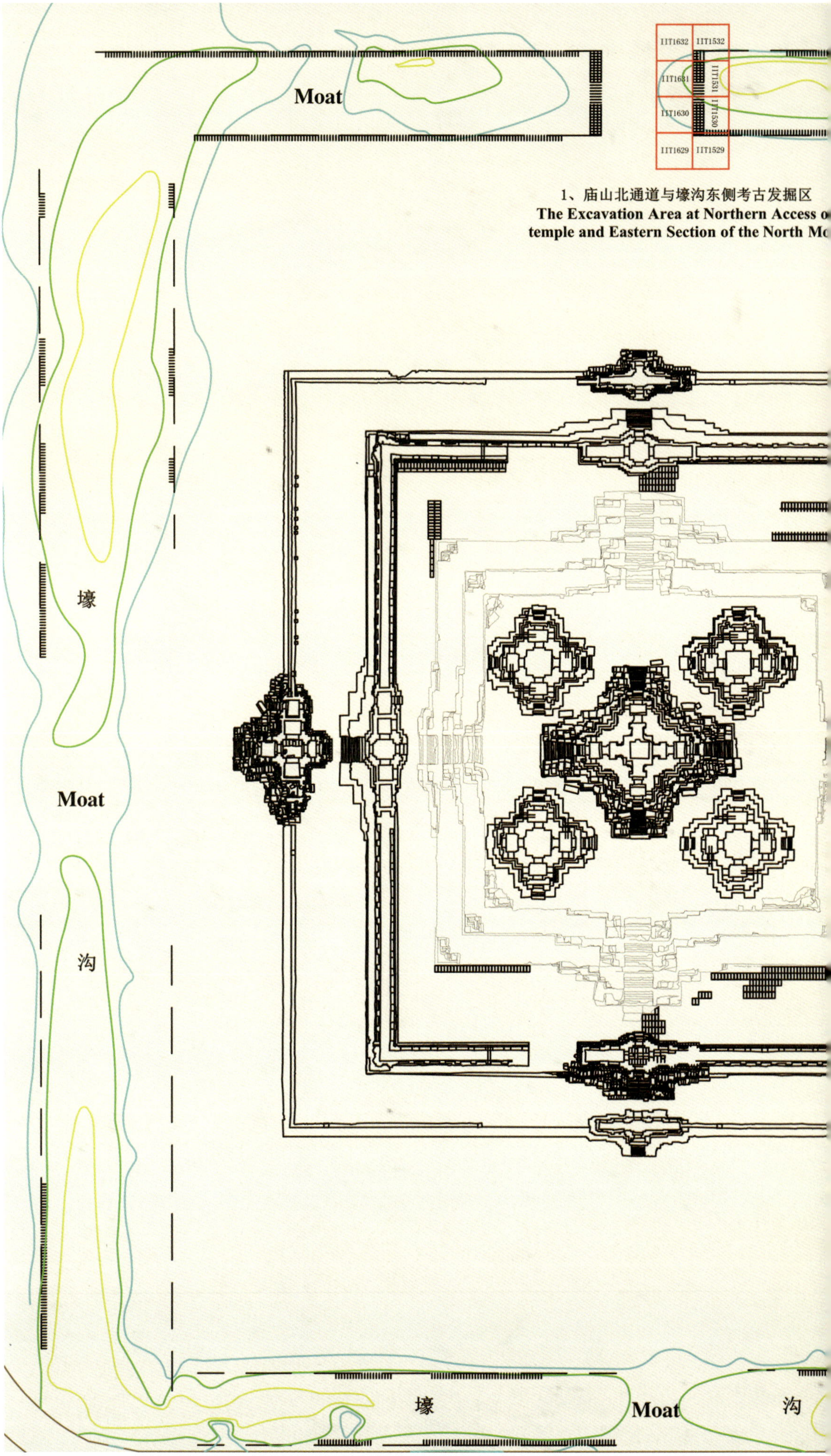


1、庙山北通道与壕沟东侧考古发掘区
**The Excavation Area at Northern Access o**
**temple and Eastern Section of the North Mo**

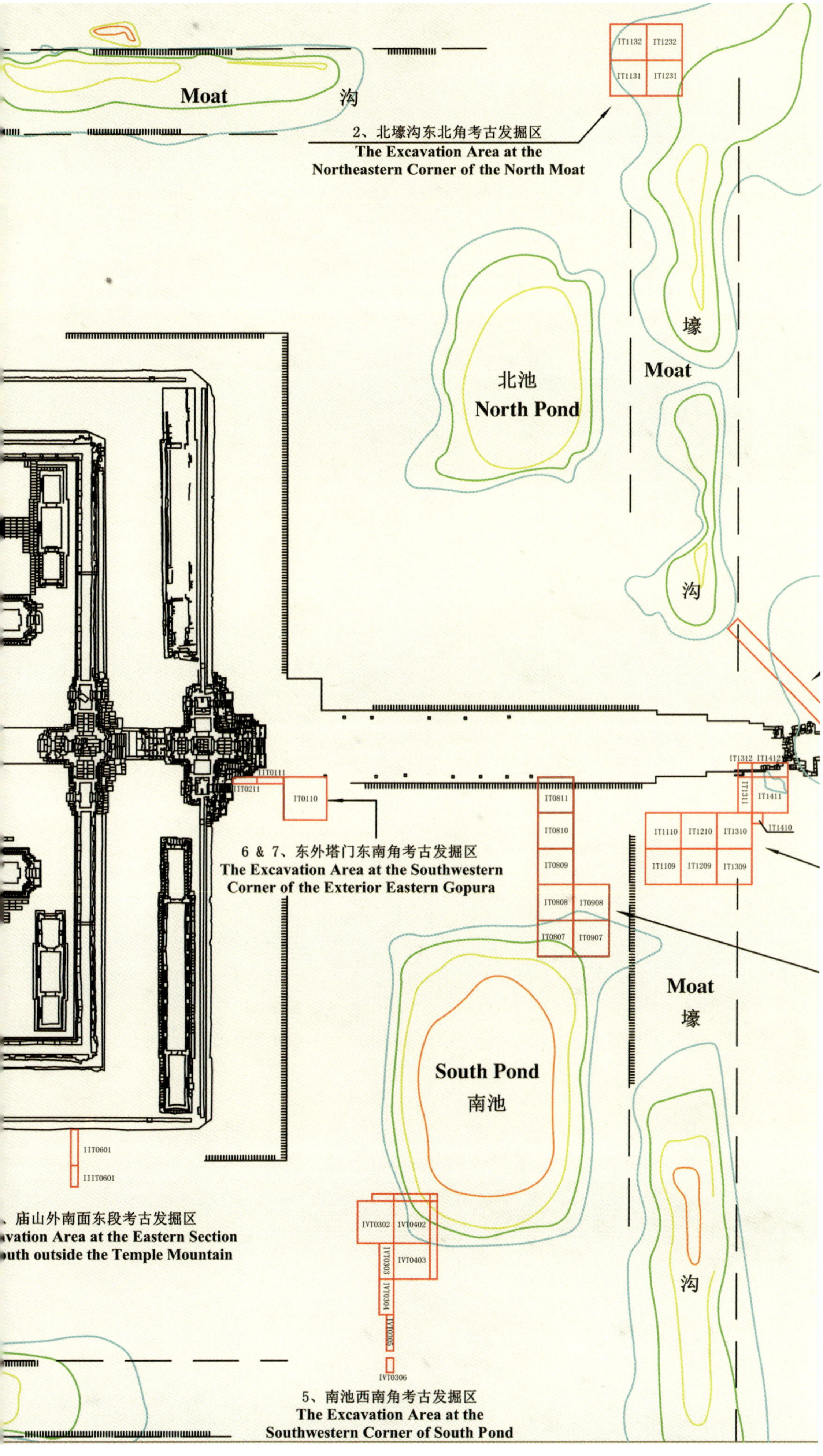


图7.9 茶胶寺考古工作示意图

图7.10　茶胶寺现场举行国际学术研讨会（左）

图7.11　中国文化遗产研究院与法国远东学院联席会议（右）

目前，茶胶寺本体维修已经基本完成，项目进入收尾阶段。按照计划，茶胶寺将于2018年竣工并移交柬方。不同于周萨神庙这样一座中小型寺庙，茶胶寺作为庙山巨构不仅体量大，且修复工作面临的问题也更复杂。从周萨神庙修复项目到茶胶寺修复项目，援柬工作投入的资金与人力不断增加，涉及的内容也扩展到石刻保护与监测、联合考古研究等领域，并逐步培养出一支专业技术团队，也积累了大量文物援外工作的经验，为我国今后的中柬文化遗产合作以及范围更加广泛的国际文化遗产合作奠定了坚实的基础。

## 三、今后的中柬合作项目展望

### （一）王宫遗址保护项目

王宫遗址位于大吴哥城市中心区域，南邻巴方寺，东接斗象台。吴哥的寺庙作为高棉民族宗教信仰的精神空间，以砂岩或角砾岩砌筑而成，而王宫作为吴哥王朝的

图7.12　王宫遗址空中宫殿

行政空间，是木构建筑，现已不存。作为吴哥王朝统治者举行政治、宗教活动和日常生活的中心，王宫遗址同时也是最高王权的象征，因此王宫遗址的考古和保护工作对整个吴哥历史、社会研究具有非凡意义。在王宫遗址内分布着多个不同类型的建筑遗存，其主体建筑——空中宫殿是现存最为完整的庙山建筑之一。相较于附近的斗象平台和巴方寺，王宫遗址的游客量较少，主要是因为其丰富的考古价值与历史价值还未得到充分发掘与展示利用。可见王宫无论在研究领域还是遗产利用方面，均具有极大的潜力。

2017年10月，受商务部和国家文物局委托，中国文化遗产研究院派遣工作队赴柬埔寨进行现场考察。通过与APSARA局的会谈，工作队全面了解了柬方关于王宫遗址保护项目的具体需求和建议，并对项目展开实地调研。工作队对王宫遗址进行了平面及建筑测绘、三维激光扫描、无人机倾斜摄影数据采集，并开展了地基与基础勘察及评估、对建筑结构及残损现状进行初步调查和评估以及石质文物保护现状初步调查等工作。

（二）崩密列寺建筑研究与修复项目

崩密列寺是吴哥外围的一处大型建筑遗存，位于吴哥古迹群以东40千米，建筑布局完整，规模巨大，石构件的大量残损与塌落使其更加恢宏壮观。柬方非常希望与中方合作开展崩密列寺的文物保护和研究。2017年6月，在第28届ICC技术会议上，中国文化遗产研究院与APSARA局签署了《合作开展崩密列寺建筑研究的谅解备忘录》。该谅解备忘录旨在推动文研院与APSARA局在崩密列寺建筑保护研究方向的合作。双方将共同在崩密列寺进行建筑遗址考古工作，同时对崩密列寺部分建筑构件进行清理与资料收集整理，并对部分典型建筑实施修复实验。

图7.13　中国工作队在崩密列寺现场勘查

图7.14　崩密列寺建筑遗址

针对崩密列寺遗址，APSARA局的同事介绍，各国对于吴哥古迹的援助主要集中在吴哥考古公园的核心区域，导致吴哥外围的众多遗址无人问津，来自国际社会的经济、人力、科技资源难以到达。他们表示，虽然在崩密列寺也曾开展过一些国际合作项目，但多以研究为主，中国文化遗产研究院与APSARA局签署的上述谅解备忘录是第一个在崩密列寺落地的双边备忘录。由此可见，援助崩密列寺项目也将为我国援助吴哥古迹开启新的篇章。

图7.15　柏威夏寺国际协调委员会会议

（三）国际援助柏威夏寺行动

柏威夏寺位于柬埔寨柏威夏省西北与泰国接壤的边境地区，距吴哥古迹群直线距离约140千米。历史上，柬埔寨与泰国对柏威夏寺的归属曾有过巨大争议。当2008年7月世界遗产委员会把柏威夏寺作为柬埔寨的单国遗产列入《世界遗产名录》后，泰国政府对此持强烈的反对态度，两国一度在柏威夏寺周围兵戎相见，甚至在寺庙建筑上都留下了交火的弹痕。

经过UNESCO和国际社会的不懈协调，两国终于逐渐达成和解。借鉴国际援助吴哥古迹的成功经验，2014年12月，包括柬埔寨和泰国在内的柏威夏寺国际协调委员会在柬埔寨暹粒成立，其他7个成员国包括中国、印度、美国、法国、日本、韩国和比利时。中国和印度一起被选为协调委员会的双主席国。

截至2017年底，该协调委员会已经召开了3次全体会议和3次技术会议。作为双主席国之一，中国承担了大量的组织与协调工作，并于2017年1月在海南举办了柏威夏寺世界遗产保护专家会议。该会议的重要性得到了与会人员的一致认可，会议提出的相关建议被纳入柏威夏寺国际协调委员会的正式建议书。有保护吴哥古迹的经验在前，我国政府和工作队一定能在柏威夏寺的国际保护中发挥更大的作用。

## 第二节　经验和启示

通过上节的回顾可以看出，中国队在吴哥古迹的工作本着科学、严谨的态度，不仅修复工作得到了按期保质的进行，也取得了重要的研究成果。在与各国同行的交流过程中，不论是ICC专家、APSARA局官员，还是各工作队同事，都对我国的援柬工作给予了极高的评价。

但不可否认，从周萨神庙到茶胶寺，虽然中国的援柬项目的广度和深度都已有了长足的进步，但是在统筹跨学科研究和整体布局等方面，同日本队、法国队等比起来还有待提高，另外与国外同行的交流以及对于社会公众的宣传也显不够。

面对已经开启的新的保护吴哥古迹项目，面对作为柏威夏寺国际协调委员会双主席国之一所肩负的重任，面对我国在世界范围内蓬勃拓展的文化遗产国际合作事业，通过回顾我国前两期援柬工作的收获，并借鉴其他国家队的成功经验，我们对于我国今后的文化遗产国际合作工作提出以下建议。

## 一、充分了解和尊重受援国意愿，加强与该国政府与部门的合作

以吴哥古迹为例，它是柬埔寨国家形象的象征，也是柬埔寨人民的精神寄托。我国20年援助吴哥古迹工作获得成功，最关键的地方就是我们的文物工作者始终怀着对于中柬两国传统友谊和吴哥古迹的珍视，理解和分享柬埔寨人民对于吴哥古迹的尊重和热爱，秉承科学严谨的工作态度，把吴哥古迹当作人类共同的遗产来保护。正是这种发自心底的热情和严谨，让中国队的工作得到了柬埔寨政府和人民的真心感激与支持。2015年，APSARA局批给中国援柬工作队一栋工作用楼，作为中国吴哥古迹保护研究中心。这无疑是中国援柬工作得到柬方当局高度认可的标志，也标志着援柬工作队真正在柬埔寨扎下了根。

与此同时，我们也要看到，随着25年来国际合作所不断积累的经验，APSARA局正在逐渐由被动接受转向主动管理，不断加强对项目的主导与统筹，同时高度重视通过深化与各国的合作来增强自身建设。在今后的工作中，我们必须充分尊重柬埔寨政府和APSARA局的这一意愿，将我们的项目与柬方对吴哥保护发展的整体思路密切结合，重视提高APSARA局在项目中的参与度。

## 二、全面统筹规划对外文化遗产合作项目

从各国的援柬工作内容可以看出，吴哥古迹的保护已经远远超出本体修复的范畴，成为全世界范围内活态遗产和大遗址可持续保护与发展的典范。本书所梳理的吴哥古迹国际保护行动的各类项目，不仅可供中国在今后的文化遗产国际合作实践中参考，对于中国本身的文化遗产保护也有积极的启发意义。

在各国的援助工作中，法国和日本分别是文化遗产援助中“小援助”和“大援助”模式的典型代表。作为科研机构，法国远东学院更多地把工作聚焦于文化遗产保护本身，但其工作内容几乎涵盖了遗产保护的方方面面，包括考古勘探、古迹本体修复和可移动文物的研究与保护等等，

图7.16　中国政府援助柬埔寨吴哥古迹研究中心

并依靠其在法国国内广泛的教育和培训资源，为柬埔寨培养了大量的专业人员。同时法国远东学院还极为注重项目的国际化和优势互补，与澳洲悉尼大学等开展了长期的有效合作。

对于代表我国开展援柬工作的中国文化遗产研究院来说，其情况与法国远东学院非常相似。尤其值得一提的是，文研院不仅在考古、本体修缮和文物修复等文化遗产传统领域具有广泛而深厚的经验，近年来基于国家文物局的支持，在世界文化遗产的监测方面也取得了巨大成绩。但综观我国的援柬项目，目前仍以古迹本体的修缮为主，在文化遗产的其他方面，文研院的综合性优势还有待进一步发挥。此外，随着国内文化遗产力量的整体发展，国家也可以整合更多专业力量投入文化遗产的国际合作事业中来。

而日本政府以文化遗产为抓手，囊括环境保护、基础设施改善、市政建设等项目的综合援助模式，更是反映出日本政府周密的援外计划部署和高效的部门间合作。这种模式，对于正在成长过程中的中国文化遗产国际合作事业来说，实现起来无疑还有难度。但随着“一带一路”倡议的实施，文化遗产的国际合作必将在我国整体的外交战略中占有越来越重要的地位。

## 三、加强学术交流、宣传与展示，提升对外援助项目的国内外影响力

和国内的文化遗产保护项目不同，国际合作项目不可避免地会牵扯到政治和外交方面的因素。尤其是近年来，随着中国国际地位的提高，我们的一举一动都会引来国际同行的关注乃至不必要的猜测和揣度。因此，对于文化遗产的国际合作，我们不能只依靠技术和热情，还要加强必要的交流、宣传与展示。

在过去的工作中，由于我国援柬工作队主要将精力放在修复项目上，这方面的工作有所欠缺。我们应该学习日本队的做法，通过举办专题会议以及每年出版工作报告等方式宣传与介绍自己的工作方法和成果，最大限度地宣传本国文化遗产保护理念、技术与经验，获取国际同行的认可与支持。

与此同时，吴哥古迹作为世界最著名的文化遗产之一，具有巨大的国际影响力。如日本队就非常善于将援助工作与吴哥旅游密切结合起来。他们通过在暹粒市区内建立的巴戎中心以及巴戎寺南门的JASA-APSARA展示棚对日本队的项目进行宣传展示。

根据APSARA局旅游管理规划司2016年底统计的情况，中国游客约占吴哥古迹所有外国游客量的三分之一。文化遗产国际合作项目对于提高国人的文化遗产保护意识，激发人们的民族自豪感和爱国热情无疑有着积极意义。每一个亲临中国援柬工地现场的中国人，都会被我国文化遗产工作者的无私奉献所感动，并为祖国有实力参加这样举世瞩目遗产的援助工作感到骄傲。但是，从目前来看，相关宣传工作的力度有限，又由于茶胶寺和周萨神庙往往不在旅行团规划的参观路线内，每

年大量前往吴哥旅游的中国游客中，知道周萨神庙、知道茶胶寺、知道CSA的只是少数。不过，这一局面已经得到改观。如CSA在周萨神庙附近建立了展示中心，新的展览已于2018年1月对公众开放。

表7.1 2016年吴哥考古公园外国游客分布情况

| 国家 | 人数 | 比例 |
|---|---|---|
| 中国 | 667285 | 30.37% |
| 韩国 | 245610 | 11.22% |
| 美国 | 154691 | 7.04% |
| 英国 | 125999 | 5.73% |
| 日本 | 125410 | 5.71% |
| 法国 | 99180 | 4.51% |
| 澳大利亚 | 92381 | 4.20% |
| 泰国 | 85809 | 3.91% |
| 德国 | 77902 | 3.55% |
| 越南 | 69496 | 3.12% |

## 四、提升有关部门对文化遗产国际合作的认知、理解与支持

要真正让文化遗产国际合作取得成功，需要国家对其进行重新认识。目前工作中的很多局限，其根本原因还在于我们以往多只把文化遗产援外项目看成是简单的工程项目，很多工作仅靠文物部门本身也是力有不逮。而由于文化遗产的援外项目与一般的援外工程项目有很大的不同，通行的援外工程管理模式注重对工程进度和经费执行的考核，也并不完全适用于文化遗产援外工程的管理。通过本书的研究，希望能让有关部门看到以吴哥古迹国际保护行动为代表的国际文化遗产援助事业的全景，在今后加大对于文化遗产国际合作项目的理解和支持。

# 结 语

# Concluding Remarks

2016年6月22日，习近平总书记在乌兹别克斯坦首都塔什干接见援乌中国文物保护和考古专家团队，国家文物局将这次接见定位为中国文物援外工作的新起点。目前，我国文物援外工作和境外合作考古项目正多点开花，稳步推进，成为文化领域“一带一路”建设的重要收获。除了援助吴哥古迹项目，援助蒙古辽代古塔抢险加固工程已顺利完工，援助乌兹别克斯坦希瓦古城、尼泊尔加德满都九层神庙等保护项目正在有序推进，缅甸灾后蒲甘佛塔前期勘察评估也已完成。据统计，截至2017年12月，我国共计在16个国家开展23个文化遗产合作项目[①]。而参与合作项目的中方科研机构，也从几年前的中国文化遗产研究院一家，发展到中国社会科学院考古所、故宫博物院、国家文物局水下文化遗产保护中心及陕西、湖南、云南等多地的文博机构。

与此同时，国内的文化遗产保护事业，也在党和国家领导人的重视及《国务院关于进一步加强文物工作的指导意见》等文件的指引下，步入了新的春天。

在如此大好局势下，希望本书对于吴哥古迹国际保护行动的研究，能够为今后我国以吴哥古迹为例，进一步提升文化遗产，尤其是大型遗址的保护利用水平，以及更好地开展文化遗产国际合作，提供有力的支持与参考。

---

① http://culture.gmw.cn/2017-12/23/content_27169073.htm.

# 附件

# Appendices

# 附件 1　吴哥王朝世系表[1]

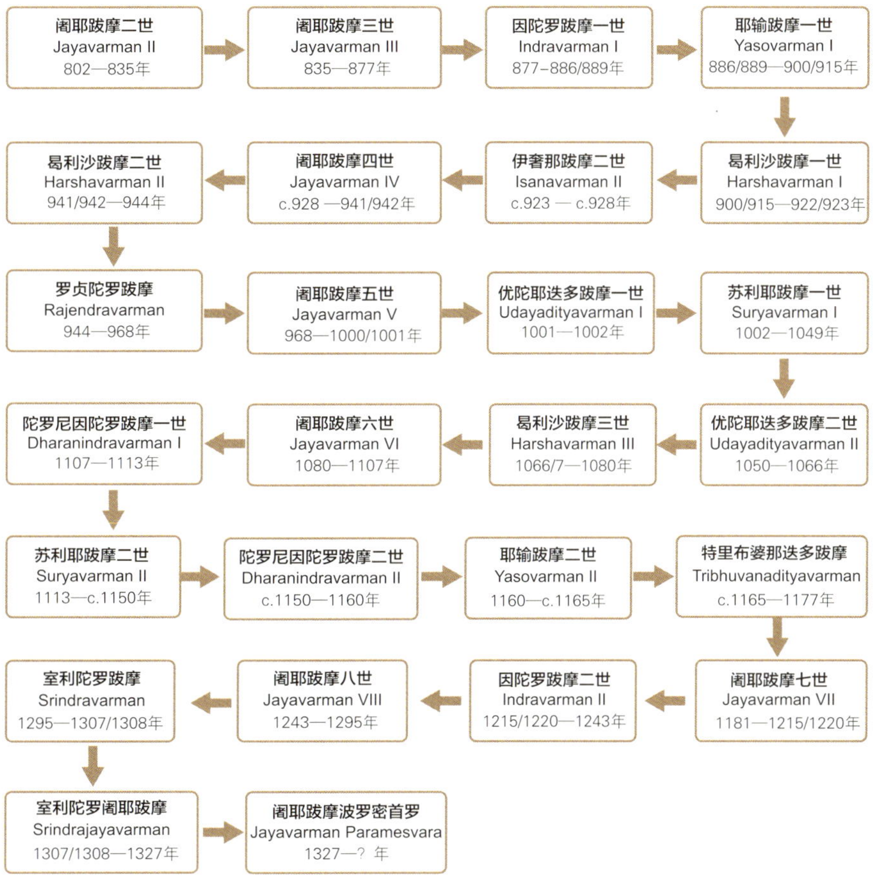


[1] Angkor Kings and Monuments，http://www.art-and-archaeology.com/seasia/angkorkings.html. 吴哥作为都城的历史一直延续到1431年，但修建大型寺庙的传统在14世纪初便宣告终止。

# 附件2 吴哥古迹保护与发展政府间会议重要宣言

## 附2.1《东京宣言》

### 东京宣言（1993年10月13日）

我们，来自澳大利亚、比利时、文莱、柬埔寨、加拿大、中国、法国、德国、匈牙利、印度、印度尼西亚、意大利、日本、老挝、卢森堡、马来西亚、荷兰、挪威、菲律宾、波兰、俄罗斯、新加坡、西班牙、斯里兰卡、瑞典、瑞士、泰国、大不列颠及北爱尔兰联合王国、美国、越南、欧共体、亚洲发展银行、国际文化财产保护及修复研究中心(ICCROM)、东南亚教育部长组织考古与美术区域中心（SEAMEO/SPAFA）、联合国开发计划署（UNDP）、联合国教科文组织（UNESCO）、联合国志愿人员组织（UNV）的代表参加了1993年10月12—13日于东京召开的吴哥古迹保护与发展政府间会议，并通过以下决议：

1. 我们认识到，吴哥是亚洲在世界上最珍贵的文化遗产之一，也是柬埔寨及其人民的国家象征，吴哥地区,包括吴哥古迹的保护与发展的国际合作对该国重建具有极其重要的意义。

2. 我们认识到，柬埔寨人民对于吴哥历史区域的保护和开发享有主权和主要责任。基于此，我们将支持柬埔寨人民肩负起这项使命。我们对柬埔寨国王诺罗敦·西哈努克陛下重建国家的工作致敬。他个人的努力是动员国际社会保护吴哥古迹和区域的关键因素。我们对柬埔寨王国在自由公平选举的基础上建立新政府表示欢迎，它可以加强吴哥古迹及其周边地区的国际合作。我们还欢迎柬埔寨王国政府宣布引入组织和法律措施保护遗址，防止劫掠，确保维护该地区安全，推动有效的保护、管理和开发。

3. 此次会议上，我们对柬埔寨王国的呼吁做出了积极回应。我们认识到，防止吴哥古迹进一步恶化破坏急需国际援助。保护和保存古迹和历史区域的国际性努力应以团结协作的方式进行，并兼顾到当地的文化、社会经济和生态问题。

4. 召开此次会议的目的是动员国际行动。会议对吴哥地区保护开发的各种援助方式进行了审视，很多参与者还表示，将提供充分的财务和技术援助，以进一步开展合作。附件中为此次会议上表达各种形式捐助意愿的人士名单，以及各代表团起草的宣言。

5. 我们对UNESCO迄今为止所采取的吴哥古迹保护行动和承认它为人类共同遗产表示深深的赞赏。我们还要对那些在困难条件下，在吴哥古迹采取或正在采取措施防止情况恶化、实施修复工作的国家、组织和基金会表示赞赏。随附有对这些国家、组织（特别是联合国发展计划署）和基金会的感谢名单。在提供国际援助方面，我们应考虑柬埔寨王国政府希望强调的区域化发展方式。区划与环境管理规划（ZEMP）在经柬埔寨有关部门审议后，将对制定该地区的总体规划有所帮助。

6. 我们还对国际和国家非政府组织以及社区组织对遗址保护的贡献表示赞赏，并希望他们继续加强这方面工作。

7. 我们认识到各个国家和组织要根据其自身条件，按照各自的合作方法，决定工作内容，以最大限度地推动国际合作和支持。

8. 我们向国际社会呼吁，支持柬埔寨王国政府打击一直困扰柬埔寨遗产的文物劫掠和走私。

9. 应柬埔寨代表团要求，我们将把为柬埔寨人民提供的各级培训活动纳入吴哥古迹修复和提升计划中。我们还鼓励国际专家向其柬埔寨同行传递交流必要知识。我们一致认为，柬埔寨有关部门能够尽快担负起相关工作的构想和实施，这一点非常重要。我们注意到柬埔寨代表团热切希望合作伙伴的援助和必不可少的研究，能够迅速转变成遗址具体工作。我们表示愿意在行动中考虑这些请求。

10. 我们同意在金边成立一个大使级别的协调委员会（以下称“委员会”），作为协调上一节所述各国各组织援助的国际协调机制。为保证发挥协调作用，委员会将系统性获悉正在遗址和该地区进行工作的详细情况。委员会将确保不同项目的一致性，必要时定义技术和财务标准，并在需要时提起有关方面的注意。

11. 我们同意，该委员会成员应包括柬埔寨王国和有关政府与组织的代表。可邀请有关非政府组织和基金会担任委员会观察员。提议由柬埔寨国王诺罗敦·西哈努克亲王陛下担任荣誉主席。委员会由法国和日本担任联合主席，UNESCO负责委员会秘书处工作。我们同意，委员会所做的所有决定须获得柬埔寨王国的同意与支持。与会人员认为，委员会应是UNESCO第26届全体大会第3.13号决议中所提出的国际机制。

12. 我们同意在适当的时候成立工作组，召开圆桌会议，由参与委员会的国家和国际组织提名的专家组成。

13. 我们同意适时召开本次大会的第二次会议，审议工作进展，讨论新行动需求。

首届吴哥古迹保护与发展政府间会议，通过宣言。

日本东京（1993年10月12—13日）

## 附2.2 《巴黎宣言》

巴黎宣言（2003年11月15日）

来自澳大利亚、比利时、柬埔寨、加拿大、中国、丹麦、埃及、法国、德国、希腊、匈牙利、印度、印度尼西亚、意大利、日本、韩国、老挝、卢森堡、马来西亚、墨西哥、荷兰、新西兰、挪威、菲律宾、波兰、葡萄牙、俄罗斯、西班牙、斯里兰卡、瑞典、瑞士、泰国、突尼斯、大不列颠及北爱尔兰联合王国、美国、越南、亚洲发展银行、联合国粮农组织、国际文物保护和修复研究中心、国际博物馆协会、国际古迹遗址理事会、国际货币基金、东南亚教育部长组织考古与美术区域中心、联合国开发计划署、UNESCO、世界银行、世界古迹基金会、世界旅游组织的代表参加了2003年11月14—15日于巴黎召开的吴哥古迹保护与发展第二次政府间会议，并通过以下决议：

1. 我们赞赏柬埔寨国王、吴哥国际协调委员会名誉主席诺罗敦·西哈努克陛下对吴哥古迹及该地区保护与发展的关心。

2. 我们赞赏王国政府对该计划一贯的支持和采取的行动。

3. 我们认可吴哥古迹保护与开发国际协调委员会的机制为实现《东京宣言》（1993年10月13日）的目标做出了杰出贡献。我们对法国和日本履行联合主席的职责和UNESCO作为委员会秘书处的持续有效工作表示诚挚赞赏。

4. 我们对柬埔寨有关部门，尤其是APSARA局近年来保护开发吴哥所做的工作表示祝贺。我们鼓励其加强管理局的人力资源和财务资源，如近期可行，可通过实施适当的监管、法律和行政措施，以便该公共机构充分发挥其作为国际社会合作伙伴、项目永久业主以及未来工作主要承担者的作用。

5. 根据1993年10月13日的《东京宣言》，我们对提高吴哥生态—历史遗址认知、保护和开发项目的数量和质量表示满意，对为古迹遗址保护做出贡献的各个国家、组织和科学机构表示感谢。我们鼓励其加强考古、铭文和历史研究，并分享适当的方法。

6. 我们重申通过加强APSARA局在此机制中的作用，继续委员会的综合性、多学科行动以及保持各项活动所体现的合作精神，在吴哥国际协调委员会框架内寻求国际合作的意愿。

7. 我们邀请为古迹保护做出贡献的国际组织和科学机构，根据此次会议上对特别工作组提交的供综合性可持续旅游参考的意见，以及日本政府吴哥保护队工作队起草《巴戎宪章》初稿的建议，共同制定一份有关吴哥保护理念和实践的工作方法的文件。

8. 我们对柬埔寨王国的新合作伙伴表示热烈欢迎，并邀请他们与吴哥国际协调委员会合作，就其项目提案在遗产保护、环境保护和当地社区居住等方面进行协调。

9. 我们确认有必要将工作方向与约翰内斯堡可持续发展峰会（2002年9月）上希拉克总统的“宣言”和小泉纯一郎首相的声明，以及联合国秘书长在千年讲话中提出的可持续发展结合起来。

10. 我们认为，可持续有道德的旅游能够进一步为文化与文明对话、认可文化多样性的价值和加强团结与和平等方面做出贡献。

11. 因此，我们认为，需要在暹粒/吴哥地区，将可持续有道德的旅游，作为脱贫工具来发展。我们强调对此加以关注的重要性，该政策已在该区域和洞里萨湖周边的当地社会进行宣传，以突出其物质和非物质文化遗产多样性，让人们有机会接受教育和培训，获得工作机会和有意义的文化生活。

12. 为实现可持续发展，我们建议对暹粒/吴哥地区的发展项目的各方面，尤其是经济、社会和环境方面，在吴哥国际协调委员会定期会议框架内进行讨论。

13. 我们重申在国际专家和柬埔寨同行之间进行知识传递的必要性，鼓励所有国际队伍推动大学培训和研究。我们还邀请APSARA局对所有将要实施的现场培训计划进行协调。

14. 我们鼓励通过积极持续支持国际吴哥文档中心（APSARA/UNESCO）积累有关吴哥的文化知识与信息，并号召所有利益相关方，定期向中心提供有关其过去和当前活动的资料。

15. 我们对通过排雷行动和防止考古劫掠，保证吴哥古迹安全的进展表示满意。但是，我们还是要向所有国际社会成员提出严肃的号召，建立一个真正的团结网络，向柬埔寨其他遗址推广防止劫掠的措施。

16. 事实证明，有关吴哥世界遗产地的知识、保护和发展的国际合作机制十分有效，开始被视为全世界其他类似行动的模范，我们对此表示满意。我们将确保该机制继续加强柬埔寨实施的推进国家重建、社会凝聚和文化特征的活动、项目和计划。

17. 我们同意适时召开第三次会议，审议工作进展，讨论新行动需求。会议可在柬埔寨王国召开。

## 吴哥古迹及地区保护与可持续发展第二次国际会议建议

吴哥古迹及地区保护与可持续发展第二次国际会议认为，吴哥国际协调委员会的框架证明了其在冲突结束后在文化遗产管理方面和柬埔寨重建方面工作的有效性和实用性。

会议还认为，国际社会——政府组织、非政府组织、科学组织和教育组织——应为吴哥文化遗产地区的协调发展提供专业知识和财政支持，并对此表示满意。

A. 保护、研究和提升

1. 保护方面，首先要关注与吴哥古迹维护有关的活动。考虑到该世界遗产地的规模（401平方千米），根据伦理原则和可持续保护最佳做法，国际专家和国家行动者之间持续交流科学研究和知识是至关重要的。建议吴哥国际协调委员会秘书处及其特别专家组与APSARA局联系，协调吴哥古迹保护与修复指南的起草。

2. 培训方面，应保证在吴哥古迹管理所有有关方面逐渐向年轻的柬埔寨遗产专业人士传递技术和知识。这也意味着所有在遗产地由国际团队进行的项目都应包括培训内容，面向该国未来的专家以及致力于提高APSARA局的专业技能。

3. 建议在APSARA局和王室艺术大学（考古和建筑学系）之间建立咨询和协调机制。

4. 遗址提升方面，首要任务是吴哥古迹整体管理规划，特别要关注水资源、森林和人口。

5. 建议就如何向公众说明文化和科学问题、国内外公众在尊重吴哥古迹和文化遗产的可持续旅游方面的知识和实践等问题进行思考。

6. 应重点鼓励进行多学科考古、铭文和历史研究，从而有助于对吴哥古迹的深入了解。

7. 为推动不同行动者之间的交流，建议在UNESCO的支持下对国际文档中心（APSARA/UNESCO）进行改进，并引入一个针对所有吴哥古迹活动报告的义务存放程序。

8. 要求UNESCO援助APSARA局起草该中心的规定，并在APSARA局管理下成立一个遗产保护实验室。

9. 文物走私方面，应将过去10年来成功的吴哥世界遗产地保护活动扩展至整个柬埔寨的文化遗产，尤其是偏远的遗产地。

10. 法律保护方面，应集中力量实施最近颁布的关于文化遗产商业活动的二级法令。

11. 建议所有行动方大力支持、积极制定所有柬埔寨文化遗产的管理和技术目录，作为反走私工具。

12. 建议暹粒省有关部门和当地社区合作，保护其自身的文化遗产，防止柬埔寨文化遗产走私。

B. 可持续发展与脱贫

1. 发展项目必须更好地保护贫困人口免受不利的社会和人文影响，重新分配经济财富，尤其是通过卫生和教育基础设施和基本服务（饮用水、电力、卫生设施、城市废物处理，等等）。

2. 脱贫和消除不平等行动的目标意味着对让城乡人口受益的新经济活动予以支持，从而让他们都有效参与并尊重其文化财富。

3. 人口流动和游客数量的增长造成环境恶化，例如水、森林或景观。针对增长和增长给资源带来的主要风险，需要实施协调一致、可持续的保护和长期管理计划。

4. 应从经济角度通过涉及吴哥世界遗产地和暹粒以及洞里萨湖的区域性行动制定可持续发展规划，考虑国家整体发展的结果。这样的发展有利于与旅游和文化有关的多样化行动，并被纳入大湄公经济开发区。

5. APSARA局展示了其解决经济规划、景观美化和提供服务等各种问题的能力与意愿。必须加强其能力和人力资源，尤其是管理方面。APSARA局还必须更准确地定义其角色，加强与其他公众合作伙伴，尤其是与暹粒省的协调合作。

6. 公共行动（尤其是通过APSARA局和暹粒省的行动）以及私人行动，应解决集体性基础设施和开展商业、经济活动的需求。但是，公共部门必须注意对公共和私人合作伙伴的平衡监管，以及透明的程序（土地使用权、环境和财务问题）。

7. 未来投资的多样性、必要的自然资源协调管理、脱贫以及计划管理，需要在各个社会、经济和环境发展项目涉及的合作伙伴之间进行信息交换。特别建议在吴哥国际协调委员会框架内对各项目进行讨论，以确保一致性。

巴黎，2003年11月15日

## 附2.3《吴哥宣言》

吴哥宣言
柬埔寨王国暹粒
2013年12月5日

我们，来自澳大利亚、文莱、加拿大、中国、法国、德国、匈牙利、印度、印度尼西亚、意大利、日本、老挝、马来西亚、缅甸、新西兰、挪威、菲律宾、卡塔尔、俄罗斯、斯里兰卡、泰国、美国、越南、亚洲开发银行（ADB）、东南亚国家联盟（ASEAN）、欧洲联盟（UE）、联合国粮食及农业组织（FAO）、国际文物保护与修复研究中心（ICCROM）、国际货币基金组织（IMF）、东南亚教育部长组织考古与美术区域中心（SEAMEO/ SPAFA）、联合国发展计划署（UNDP）、联合国教科文组织（UNESCO）和世界文化遗产基金会（WMF）的代表，出席了2013年12月5日在柬埔寨王国暹粒召开的第三届吴哥古迹政府间会议。

会议通过以下内容：

1. 我们感谢柬埔寨国王和吴哥世界遗产国际协调委员会名誉主席诺罗敦·西哈莫尼（Preah Bat Samdech Preah Boromneath NORODOM Sihamoni），感谢他对吴哥古迹及其周边地区的保护与发展做出的努力。

2. 我们感谢柬埔寨王国政府的不懈坚持及其对保护和可持续发展计划的持续投入，这一计划在过去的二十年里已在吴哥与暹粒地区得以实施。

3. 我们热情称赞项目业主柬埔寨王国APSARA局对吴哥地区的保护和可持续发展及国际合作所作出的一切努力，这使其自身成为一个极具价值的合作伙伴。

4. 我们深切感谢吴哥世界遗产国际协调委员会和联合主席法国和日本，是你们的坚持与高效促使了1993年10月13日《东京宣言》和2003年11月15日《巴黎宣言》目标的实现。

5. 此外，我们还要感谢联合国教科文组织和吴哥世界遗产国际协调委员会常设秘书处，感谢你们的奉献、高效与活力。

6. 本次会议的主题为“吴哥活态遗产的可持续发展与综合治理”，旨在评估、庆祝过去二十年来所取得的成绩；确定未来十年内，在国际协调努力下，吴哥及其周边地区的古迹保护与维护的概念和实际方向。本宣言的附件《建议》正是我们共同思考的成果。

7. 我们再次重申，考虑到设计和实施吴哥地区保护与可持续发展方案、项目所面临的挑战日益艰巨、复杂，希望通过强化综合性和多学科方法，寻求吴哥世界遗产国际协调委员会框架内的国际合作。

8. 我们注意到，经过十年的反思与讨论，基于第一手现场经验，关于吴哥保护、提升与发展的道德与实践的方法论文件——《吴哥宪章》得以起草。我们希望这份文件能作为一个管理和参考文件，在亚洲和世界其他地区的文化和历史遗址工作的专家中广泛传播。

9. 我们认识到可持续发展与吴哥地区的关系日益密切，我们重申引导吴哥在未来十年内朝着吴哥活态遗产的可持续发展与综合治理发展的必要性，优先考虑与古迹保护、水、森林、文化景观、道德和可持续旅游业相关的事务，通过实施《吴哥遗产管理框架》满足生活在生态古迹地区的人们的物质和精神文化需求。

10. 我们再次强调国际专家与柬埔寨合作伙伴间经验与技术交流的重要性，因此，鼓励参与吴哥保护与发展的国家、地区、国际组织以及科学和学术机构，促进领域内的培训与再培训、为大学课程提供支持，并针对向柬埔寨王国APSARA局的官员和职员传授新技能设计具体方案。

11. 我们强调设计和实施所有由公共和（或）私营部门发起的、在保障其文化丰富性与环境的同时，促进弱势群体保护的国家和国际性可持续发展方案的重要性。

12. 保护与管理工作必须以当地居民的关注及愿景为核心，成功的古迹管理带来的利益应公平公正地由居民共享，进而促进可持续发展。

13. 关于文化财产的劫掠和非法贩卖，在庆祝近年来所取得的积极进展的同时，还要重申我们的承诺：迎接这一重要挑战，并再次呼吁国际社会给予合作与支持。

14. 鉴于日益增长的项目数量及亟待解决的问题的复杂性，我们建议进一步加强吴哥世界遗产国际协调委员会的协调功能，包括信息共享、监测各项目的一致性及与国际技术标准的符合程度。

15. 此外，我们建议强化柬埔寨王国APSARA局在吴哥世界遗产国际协调委员会框架内的作用和责任，从而促使其在未来的吴哥古迹保护和吴哥地区的可持续发展方案中承担起全部责任和所有权。

16. 我们必须认识到，在过去二十年中，对保护吴哥古迹和促进吴哥地区的可持续发展所作出的国际努力，应被视作一个成功的典范，应在世界其他地区面临冲突或自然灾害等危险的类似情况中广泛采纳。我们将通过个人和团体努力传播在吴哥获取到的宝贵经验。

17. 最后，我们想对所有支持吴哥世界遗产国际协调委员会的国家、组织和科研机构表示深深的感谢，感谢你们对保护吴哥古迹和促进吴哥地区可持续发展这一伟大事业做出的积极贡献！

英文与法文最终版于2014年1月28日确定

## 建议

第三届吴哥政府间会议十分满意地见证了吴哥世界遗产国际协调委员会（ICC-Angkor）的顺利运作及其对文化和遗产管理以及为柬埔寨发展而努力所作出的贡献。

本次会议同时还注意到：当新技术出现，新的保护方法在遗产地管理方面起着关键作用时，吴哥世界遗产国际协调委员会在处理《世界遗产名录》所列最大遗迹之一的保护工作时所展现的高效。

会议还希望强调吴哥世界遗产国际协调委员会以及国内和国际社会进一步引导吴哥世界遗产国际协调委员会的行动与吴哥古迹及吴哥地区的可持续与包容性发展相协调的重要性，尤其应关注吴哥活态遗产，进而促进生活在遗址或其周边地区的当地居民对非物质文化遗产的认识。

得益于过去二十年来不断积累的经验和专业知识，柬埔寨王国APSARA局能进一步发挥其作为主要参与者和关键实体在吴哥古迹及其周边地区的维护、保护与可持续发展中的重要作用。

鉴此，第三届吴哥政府间会议提出了如下建议。

## 新方法、新技术和新能力

1. 国际合作伙伴继续支持柬埔寨王国APSARA局的工作，以此方式逐步巩固其运作，从而在下一个十年结束时，成为一个自立的组织。

2. 吴哥所有的合作伙伴按照国际公认的最佳方法，如《吴哥宪章》或风险地图指南规定的方法，或新的遗产管理框架中包含的其他工具和原则等，实施预防性保护措施，同时还应牢记吴哥古迹401平方千米的广博面积。

3. 吴哥地区的古迹保护应考虑建筑与自然遗产共存的相关因素，从而保存吴哥世界遗产地的考古价值、文化价值和生态价值。

4. 新技术的出现可以对气候变化的影响给予特殊关注；尽可能在吴哥应用新技术，以实现符合国际标准的正确管理。为了实现这一目的，应确保所有相关合作伙伴间的信息交流，并在遗址保护领域实施最先进的多学科技术方法。

5. 柬埔寨王国APSARA局利用风险地图制定吴哥古迹自然灾害和风险准备管理计划，作为《遗产管理框架》的一部分，这就要求吴哥古迹的所有国际团队积极合作，共同迎接由于气候变化或其他环境问题引起的新挑战。

6. 国际团队协助柬埔寨同行建立自己的与遗址恢复、保护和综合管理相关的全领域能力建设机制，并将新学科，如自然灾害、风险防范和新技术等纳入考虑范围，这将在未来的遗产管理中起到更明显的作用。

7. 在柬埔寨全国范围内进行反对文化财产非法贩运的培训和能力建设，加强建设防止吴哥文物流失；吴哥文化和艺术部应定期更新、出版并广泛推行国家考古遗址和文物清单。

8. 以“水与遗产”为主题，在暹粒/吴哥建立联合国教科文组织二类机构。

9. 继续维持区域遗产培训中心，并对该地区的其他国家开放。

10. 当新技术可对分析、研究和项目实施产生作用时，以此为基础做出的干预可能会与原结构不相容，并产生消极影响，因此，必须仔细关注新技术的应用。同样的，数学模型往往被认为仅仅代表了部分事实，过于复杂而难以系统化，这就意味着所有结果都必须基于通过计算所做出假设的真实性进行评估。

## 吴哥——活态遗产

11. 鉴于吴哥古迹及其周边地区急剧变化的环境，在尽量提升国内和国际游客的旅游体验质量时，应采用有利于实现自然和文化资源可持续管理的方案，消除贫困并提高当地居民的生活水平。

12. 特别关注吴哥古迹的活遗产，如日常仪式、庆典和节日等，使游客能更好地理解、尊重当地文化，从而提高遗址当地居民的地位，尤其是通过在吴哥古迹或柬埔寨王国APSARA局管理下的其他遗址实施非物质文化遗产保护指导方针；落实各项目，系统研究、归档、记录吴哥古迹的活遗产，直接为当地居民谋福利。

13. 吴哥作为一个创收来源的作用不能掩盖其作为灵性之源的原始功能。同样地，因为其美学意义，吴哥古迹还是创意与创作灵感的源泉。因此，必须采取适当措施，确保希望参与心灵活动或艺术活动的游客能以某种适当的方式乐在其中。

14. 考虑到吴哥古迹日益增长的游客数量和所面临的科学和管理挑战，柬埔寨王国APSARA局应与相关各方密切合作，实施旅游管理规划，在农业部门制定规划，通过使该部门满足旅游带来的日益增长的需求，从而为当地居民创收，进而减少建立一个自给自足的食品市场对外部供应的依赖性。

15. 努力使各古迹和历史遗迹能容纳更多的游客，包括残障人士。

16. 当地利益相关者和居民全面参与遗址的日常管理，促使其在谋求经济、环境、社会和人类福祉时，提高对常规保护的责任感。

17. 通过国内和国际中小学（包括吴哥古迹上的学校）设计旅游相关的专项教学计划，促进旅游发展，并将遗产教育纳入国民教育课程。

## 吴哥——大画面

18. 考虑到吴哥地区的环境影响和日益发展的城市化现象，国家当局特别关注了吴哥古迹及其周边地区的森林和水路保护，并落实各项目，以增强遗址保护，尤其是对荔枝山（Phnom Kulen）的保护，这在很大程度上将有利于吴哥古迹和暹粒地区的水资源管理。法律的实施和再造林计划有利于改善供水情况，满足当地日益增长的用水量需求，改善二氧化碳排放量增加的情况，二氧化碳排放量的增加正在改变吴哥古迹及其周边地区的空气质量。

19. 柬埔寨当局考虑扩大世界遗产地吴哥地区的范围，将荔枝山纳入其中，目前荔枝山已作为国家公园得到了保护；考虑提高整个吴哥地区（包括景观价值和无形价值）卓越遗产价值的认识。

20. 与省级政府单位密切合作，为整个吴哥古迹制定可持续发展总体规划；由环境部、暹粒省当局、柬埔寨王国APSARA局、联合国教科文组织、ADF、野生动物联盟和其他所有相关各方组成的荔枝山委员会就其工作进展向吴哥世界遗产国际协调委员全会和技术委员会做报告。

## 柬埔寨王国APSARA局和吴哥世界遗产国际协调委员会新的十年

21. 继续举行吴哥世界遗产国际协调委员会一年两次的会议，并就以下两个方面的问题组织专业研讨会，一是关于古迹的维护与保护，如修复山中寺庙、新石铜绿、雕塑、石材养护等等，另一方面是以可持续发展的角度进行遗址管理和土地规划。

22. 柬埔寨王国APSARA局根据纪念性、环境和社会风险图判定项目的优先级，具体如下：

a) 对项目优先性进行排序（保护、尤其是考古研究、可持续旅游、培训等各个领域的紧急需求享有第一优先级）的实施，所有涉及保护与考古问题的作业务必以《吴哥宪章》为基础，所有关于遗址综合管理、旅游和可持续发展的问题还应遵循《遗产管理框架》的规定。

b) 将考古研究纳入由柬埔寨王国APSARA局制定、吴哥世界遗产国际协调委员会核准的总体战略方针，并对优先目标予以定义；完成由APSARA局和国际文物保护与修复研究中心（ICCROM）发起的吴哥考古数据库建设；系统总结所有主要考古挖掘现场的考古资料库。

c) 在寻找运营方实施本项目前，确定融资时间表及完成时间。

d) 加强与各部门的柬埔寨团队之间的技术与知识传递，包括吴哥古迹的保护、修复、展示和管理等。

23. 柬埔寨王国APSARA局实施更严格的区划层级规定（1区、2区、3区）及许可/建筑许可证颁发管理规定。

2014年1月28日

# 附件3　关于吴哥保护的重要法令

## 附3.1　关于在暹粒/吴哥地区建立受保护文化区及其管理准则的王室法令

001/NS

本　人，Preah Bat Samdech Preah Norodom Sihanouk Varman Rajbarivong Ubhato Socheathi Visothi-pong Akamohaborohrathn Nikarodom Dhamikmoharaja Thiraj Boromaneath Borombopithr Preah Chau Krung Kampuchea Thipadei，根据：

柬埔寨王国宪法，

1993年11月1日关于成立王室政府的王室法令，

1993年10月24日关于任命第一首相和第二首相的王室法令，

关于将吴哥古迹列入世界遗产名录的提议，

联合首相的提议，

在此公布

第一部分：暹粒/吴哥地区的区划和管理：受保护文化遗址的分类

第1条：

兹决定通过区划规划来控制暹粒地区的开发。

第2条:

本规划之中所列的文化遗址得益于受到不同级别保护的五种国家保护遗址类型:

- 1区:古迹遗址区 Monumental Sites;
- 2区:考古保护区 Protected Archaeological Reserves;
- 3区:受保护文化景观 Protected Cultural Landscapes;
- 4区:具有考古学、人类学或历史重要性的遗址区 Sites of Archaeological, Anthropological or Historic interest;
- 5区:暹粒/吴哥地区的社会经济和文化开发区 Socio-economic and Cultural Development Zone of the Seam Reap/Angkor。

第3条:

1区:古迹遗址区是指包含柬埔寨最重要的考古遗址,因而应该得到最高级别保护的区域。它们通常是小区域,但是像吴哥这种情况,考虑到该地区内的古迹和考古遗迹的密集性和重要性,在本类别下所管理的将会是大区域。

第4条:

2区:考古保护区是指考古遗迹很多,需要加以保护,以避免有害的土地利用方式以及不适当的开发所造成的后果的区域。这些区域主要是古迹遗址区周围的区域,对具有已知的或可能存在的考古学重要性的毗邻区域提供保护,而这样的重要性在多数情况下可能在地面上并不明显可见。本类别下的区域的主要用途将是用作保护古迹遗址区的缓冲区。

第5条:

3区:受保护文化景观是指具有以下景观特点的区域:这种景观由于其传统的外观、土地使用方式、各种居住地、历史建筑,或者是过去或最近形成的人造特征,形成了文化价值或反映了传统生活方式和土地利用模式，而应当受到保护。由于其历史或美学价值，在文化景观中也要保护重要特征之间的观察点和相互关系。受保护文化景观受到管制有害或破坏活动规定的管辖。

第6条：

4区：具有考古学、人类学或历史重要性的遗址包括因其具有研究、教育或旅游上的重要性，而需要进行保护的所有其他重要而又不如古迹遗址区重要的考古遗址。在这些遗址和区域所进行的活动受到管制。其管理规定类似于考古保护区的管理规定。

第7条：

5区：暹粒/吴哥地区的社会经济和文化开发区：本地区包括整个暹粒省。将提供指导方针，以鼓励可持续发展，并评估其对环境的影响，从而保护文化和自然遗产。

第二部分：针对吴哥各受保护区域的指令

第8条：

开发。就各区域的开发，规定以下准则：

a - 所有受保护文化遗址（1区、2区、3区、4区、5区）。

• 建立评审和批准暹粒/吴哥地区开发项目的程序。

• 确保各项目均经过环境影响评估，均包含一个备选项目，并在规划项目时将有害影响降到最低。

• 要将对相关区域的考古学研究，纳入所有环境影响评估之中。

• 必要时，要在开展开发工作之前，进行紧急考古发掘。

b - 1区：

禁止在古迹遗址区内进行开发，除非是保护和提升遗址所必要的开发。

c - 2区：

禁止开发，除非是保护和提升遗址，或者是保存当地生活方式所必要的开发。

第9条：考古

就考古活动，规定以下准则：

a - 所有受保护文化遗址（1区、2区、3区、4区、5区）

• 在建立许可证制度和制订导则之前，暂停所有考古发掘。

• 在暹粒/吴哥地区，建立详细考古记录计划。

• 建立暹粒/吴哥地区内考古遗址清单，并将此清单纳入地理信息系统（GIS）。

• 确保已将关于考古遗址和古迹的所有现有或新的信息纳入该清单和地理信息系统（GIS）之中。

• 制订将遗址指定为考古学、人类学或历史名胜古迹的标准和计划。

• 制订针对这些遗址的导则和管理协议范本，以便为考古研究以及教育或休闲活动做好准备。

• 制订确定受保护文化景观的标准和计划，并制订管理这些景观的导则和政策，以便为考古研究以及教育或休闲活动做好准备。

• 建立“管理存在”（例如雇用当地保安人员），以便维护和保护每个指定的遗址。

b - 1区：

对古迹遗址区提供严密保护，并对之进行管理，以便为考古研究以及教育或休闲活动做好准备。

c - 2区：

• 对所有考古遗址以及地面和地下遗迹提供严密保护。

• 管制和管理可能会对这些考古遗址产生有害影响的活动。

第10条：游客管理

就游客管理，规定以下准则：

a - 所有受保护文化遗址（1区、2区、3区、4区、5区）

• 为了开展考古研究、教育和休闲活动，给予公众受控制的通行权。

• 应当就游客的通行问题，制订计划和管理导则，包括向游客开放的时间、进入遗址收取的费用以及任何必要设施的提供。

b - 1区：

• 限制并管控游客的通行。

• 以可见的方式表明管理机构的存在是为了告知、引导和确保安全，并向游客提供基本服务。

• 将门票价格确定在能产生足够的收入，以用于保护工作和遗址管理的水平。

• 限制游客群体的数量和大小，以保持游览质量并保护古迹。

• 确保严格控制小汽车通行，禁止大巴车通行，实行速度限制，并对停车场进行限制。

c - 2区：

• 禁止保护区内的过境交通。

• 改善居民的进出通道，避开古迹遗址区。

• 将游客接待设施和停车场限制在保护区内的同一处地方。

• 修建几条新道路，以形成围绕暹粒/吴哥古迹遗址区的一条环形道路，并改造围绕罗洛斯古迹遗址区的6号公路。

第11条：旅游设施

针对旅游设施，规定以下准则：

a - 所有受保护文化遗址（1区、2区、3区、4区、5区）

受保护文化遗址内的任何旅游设施，都必须遵守条例，并需要有许可证。

b - 1区：

• 只批准孤立遗址上数量尽可能少的为方便游客而建的建造物（食物和快餐摊点、人行道、自行车停放架和小型公共汽车站点）。

• 对停车场加以限制。

• 做好安排工作，让游客注意到正在进行中的考古发掘和修复工程。

c - 2区：

• 尽可能减小旅游对当地社区的有害影响。

• 提供小规模设施和工艺中心，以便为居民提供经济机会。

第12条：文化遗址的展示

就文化遗址的展示，规定以下准则：

a - 所有受保护文化遗址（1区、2区、3区、4区、5区）

制订一项展示暹粒/吴哥地区的考古、自然保护区和当地传统的计划。

在受保护遗址之外建设一个接待中心，以便向游客提供对吴哥文化遗产的介绍。

b - 1区：

组织有导游的游览，并在各个单独的遗址竖立描述介绍牌。

c - 2区：

介绍当地生活方式和特色，比如暹粒河、在Krom山从高处俯瞰时的景色，或者是手工艺生产。

第13条：采石场

针对采石场的开采，规定以下准则。

a - 所有受保护文化遗址（1区、2区、3区、4区、5区）

• 仅在开采目的是为采掘修复受保护遗迹所需石料，并仅在做出了环境影响评估之后，方批准受保护遗址内红土和砂石采石场的开采。

• 黏土和石料采石场的开采，若是用于为受保护遗址内的道路建设提供材料，则应当禁止。

第14条：水管理

针对水管理，规定以下准则。

a - 所有受保护文化遗址（1区、2区、3区、4区、5区）

• 利用灌溉工程，连同新的且经过改进的管理体系，来对古老的水利建造物和水管理系统进行部分修复。

• 如果这种修复不可能，就要避免新技术和结构对考古遗迹造成的损害。

b - 1区：

• 维护古老而传统的稻田。

• 对建造物的替换实行严格控制。

c - 2区：

在不影响考古工作的情况下，发展有限的、小规模的灌溉，以提高农业生产力和居民的自给自足能力。

第15条：景观管理

就景观管理，规定以下准则：

a - 所有受保护文化遗址（1区、2区、3区、4区、5区）

• 确保开发有助于保护和提升景观的文化价值。

• 确保会将景观管理政策和细则纳入遗址管理规划和活动之中。

b - 1区：

• 利用合适的景观来创造展示考古的真实方式。

• 维护天然森林和森林景观，并种植观赏树木。

• 对古迹周围区域进行环境美化。

c - 2区：

• 在吴哥保护办公室和吴哥窟寺庙之间建立一个森林缓冲区。

• 通过农业改良和实施实体规划来强化景观。

第16条：

自然资源管理。就自然资源管理，规定以下准则：

a - 所有受保护文化遗址（1区、2区、3区、4区、5区）

• 管理森林和树木区域，以增加生物多样性。

• 管理植物群和动物群，以保持并增加野生动植物的种类。

• 在受保护遗址内伐木，应当受到管制。

b - 1区：

• 促使天然森林和林地再生。

• 照管古迹周围的树木。

• 修建一个植物园和几条森林中的小路。

• 维持土地传统用途，用作稻田和牧场。

c - 2区：

• 实施一项种植原产于该地区的树木的计划。

• 鼓励在各个村庄周围种植价值较高的作物（果园和菜园）。

第17条：当地居民

针对当地居民，规定以下准则：

a - 所有受保护文化遗址（1区、2区、3区、4区、5区）

优先雇用受保护遗址的居民从事遗址管理和保护工作。

b - 1区：

• 修建住宅应当禁止。

• 对居民的搬迁安置，应当给予帮助，特别是要为他们的房屋和社区设施提供土地和建筑材料。

• 对居民应当优先给予在遗址上进行贸易的许可证/特许权。

c - 2区：

• 保护所有旧有村庄。

• 禁止扩展建成区域。

• 确保对现有房产的任何新开发符合传统风格。

• 协助建造基本社区设施，并鼓励建造与村庄生活相关联的小规模旅游设施。

第18条：佛塔

就佛塔规定以下准则：

a - 所有受保护文化遗址（1区、2区、3区、4区、5区）

• 尊重宗教团体，并维护古老的佛塔。

• 设法阻止对地面有影响的任何活动。

• 鼓励传统培训活动。

b - 1区：

• 不允许在古迹内建造新佛塔或宗教设施。

• 除了在巴公寺（Bakong）、吴哥窟和罗莱寺（Lolei）的寺院内，禁止任何通宵逗留。

c - 2区：

制定关于各村庄内建造新佛塔的选址和外观的条例。

第19条：工商业

针对工商业活动，规定以下准则：

a - 所有受保护文化遗址（1区、2区、3区、4区、5区）

禁止在受保护遗址内进行工商业开发，除了与文化景观和考古保护区的维护和保护有关的小规模活动之外。

b - 2区：

• 在现有各村庄内，或者是在各游客接待中心，建立手工艺作坊。

• 鼓励小型手工业和优质纪念品的生产。

第20条：供电电缆

就供电电缆规定以下准则：

所有受保护文化遗址（1区、2区、3区、4区、5区）

• 不允许高压电缆穿过受保护遗址。

• 用于当地供电的低压电缆要不显眼。

第21条：环保意识

就鼓励环保意识的活动，规定以下准则：

所有受保护文化遗址（1区、2区、3区、4区、5区）。

实施计划，让当地人民和游客更加意识到文化遗产和环境问题的重要性。

第22条：培训

就培训规定以下准则：

所有受保护文化遗址（1区、2区、3区、4区、5区）

• 为开展发掘工作和修复活动，对劳工进行培训。

• 对公园管理员和维护人员进行培训。

• 对专门从事修复工作的考古学家、建筑师以及文化遗产管理领域的其他专业人员进行培训。

第23条：

与本王室法令相抵触的所有规定应当视为无效。

第24条：

第一首相和第二首相、柬埔寨王室政府、文化和艺术部大臣、国土管理部大臣、城市规划和建设部大臣和国务秘书应负责执行本王室法令。

第25条：

本王室法令应自国王签署之日起生效。

1994年5月28日于金边
签名：诺罗敦·西哈努克

## 附3.2 关于成立负责保护与管理吴哥和暹粒地区国家机构（APSARA局）的王室法令

NS/RKT/0295/12

我们，Preah Bat Samdech Preah Norodom Sihanouk Varman Rajbarivong Ubhato Socheathi Visothi-pong Akamohaborohrathn Nikarodom Dhamikmoharaja Thiraj Boromaneath Borombopithr Preah Chau Krung Kampuchea Thipadei,

根据：

- 柬埔寨王国宪法
- 1993年9月24日任命内阁第一首相和第二首相的王室法令
- 1993年11月1日成立王室政府的王室法令
- 1994年7月20日成立内阁并规定其职责的第Kram 2/NS/号规定
- 1993年8月27日柬埔寨临时王室政府关于成立国家文化最高委员会的第25/SSR号决议
- 1994年5月28日关于暹粒—吴哥地区区划和管理的第001/NS号王室法令
- 1995年1月27日内阁理事会及其全体会议上通过的两位首相及国家文化和艺术部大臣、国土管理部大臣、城市规划和建设部大臣的联合提案

下令

### 第一章　总则

#### 第1条

本法令旨在成立一个负责管理和保护吴哥和暹粒地区的国家机构，称为APSARA

局。该机构具有法人资格，并享有行政和财政自治权。

第2条

APSARA局负责指导根据1994年5月28日《关于暹粒—吴哥地区区划和管理的第001/NS号王室法令》所划定的5个区域的管理和旅游发展。为此，APSARA局将与相关部委一起，作为负责上述区域行政和管理各部门之上的伞状组织，尤其是：

• 吴哥保护办公室，负责吴哥古迹的保存、维护和修复，与文化艺术部合作；

• 吴哥旅游发展局，负责本地区旅游网络的发展和协调，与环境部、旅游部以及省级国土管理、城市规划以及建设委员会合作；

• 城市发展局，负责本区域旅游基础设施和地面建筑的规划和建设，该机构在APSARA局的直接控制下，与暹粒省省长以及省级国土管理、城市规划及建设委员会合作；

• 高棉文化研究所，负责历史学家、考古学家以及吴哥古迹管理和维护人员的培训，目的在于与文化和艺术部合作拓展对高棉文化和文明的认识；

• 文化遗产警察，该警察队隶属于内政部，专门负责遗产保护工作，在吴哥地区执行任务，与暹粒省省级机关合作。

上述机构将根据二级法令成立。

第3条

为履行职责，APSARA局应为相关机构制定有关吴哥古迹和吴哥地区管理的工作计划。APSARA局可以：

• 与这些机构签订年度项目合约；

• 与省级有关部门合作，签订关于城市管理、农村发展和提供适当服务的合约；

• 与目标一致的高棉、外国和国际研究所、机构、基金会以及协会合作；

• 与柬埔寨发展理事会合作，批准所有形式的与其工作相关的投资；

• 在APSARA局的权限范围内，批准相关活动的开展、授权国有土地的占用或租赁。

依据工作内容的扩展，APSARA局还应将本条款中所列举全部或部分事宜，授权给本法令第2条中所提及的机构。

本法第2条所列机构未成立时，APSARA局将承担本条规定的责任。

第4条

应就APSARA局的政策和活动项目、投资及授权行为，编写年度报告。

## 第二章　行政

第5条

APSARA局将由包括如下机构组成的管理委员会管理：

• 第一首相，联席主席；

• 第二首相，联席主席；

• 分管文化艺术、国土管理、城市规划和建设的国务大臣或其代表，副主席；

• 公共事务和交通部大臣或其代表，成员；

• 经济和财政部大臣或其代表，成员；

• 文化和艺术部大臣或其代表，成员；

• 外交和国际合作部大臣或其代表，成员；

• 旅游部大臣或其代表，成员；

• 环境部大臣或其代表，成员；

- 规划部大臣或其代表，成员；
- 柬埔寨发展理事会秘书长或其代表，成员；
- 暹粒省省长或其代表，成员；
- 内阁办事厅大臣代表，成员。

第6条

管理委员会应当审议：

- APSARA局的工作定位；
- APSARA局议事规则；
- 执行局长提交的年度报告；
- APSARA局收取的任何形式的税收、租金与费用的数额及结构；
- 贷款数量和条件；
- 两位联席主席及执行局长可能提出的任何问题。

第7条

管理委员会应由联席主席主持，每年至少召开六次联席会议，由联席主席决定会议议程。管理委员会应在委员会四分之一的成员提出开会请求时，于当月召开。决议必须经大多数与会人员的同意。如果投票结果票数相同，将由联席主席投决定票。

如联席主席认为有必要，可以召集任何相关人员出席会议。

第8条

APSARA局应当由办公厅和三个专门部门组成：即土地交易办公室、城市事务办公室和会计及财务办公室。

执行局长负责综合管理工作，由一名规划和组织方面的顾问予以协助。土地交易办公室，负责土地的控制管理，应当由本领域的专家领导。城市事务办公室（UAO）

应当负责：

- 跟进并更新本地区的发展框架。
- 城市规划研究及城市规划规则的应用与实施。城市事务办公室应当由城市规划方面的建筑专家领导。

会计及财务办公室应当负责APSARA局的会计事务，并应协助执行局长核查合同的合法性。会计及财务办公室应由会计和财务主任领导，他可以以顾问的身份，参加管理委员会的有关会议。

第9条

APSARA局执行局长应根据管理委员会的提议，由二级法令任命，任期为三年，可连任。执行局长有权批准有关费用支出。执行局长应当负责监督管理委员会决议的实施，并应当采取任何必要措施，确保APSARA局工作的正常运行，并将作为法庭代表。执行局长应当经管理委员会的同意任命和提拔雇员。除会计和财务主任外，执行局长应当具有APSARA局的人事任命权。

第10条

APSARA局管理委员会的议事规则，应当由二级法令决定。

第三章　回避原则

第11条

执行局长、会计和财务主任和APSARA管理委员会的成员，不得直接，或通过其配偶或子女，从在APSARA局管理委员会的任何职权范围内开展活动的私人盈利机构中持有利益。一旦违反此规定，管理委员会将宣布相关人员存在不回避现象，并将其解雇。

第四章　财务

第12条

APSARA局资源的构成应包括：

- 国家和本地的津贴；
- 经管理委员会同意接受的捐赠、遗产和国际资助；
- 自身活动取得的收益，尤其是来自特许活动获得的收入与租金；
- 为公共或私营机构提供服务所获得的薪酬；
- 经管理委员会同意的贷款。

APSARA局可以接受任何动产或不动产的捐赠。

第13条

下一年度的财政收入和支出计划，应当最晚不迟于12月1日，报请管理委员会审查批准。

第五章　财务管理与会计审计

第14条

会计和财务主任应负责APSARA局的财务管理。会计和财务主任应由经济和财务部大臣任命。会计和财务主任负责APSARA局的资金管理和财务报表编制，任职前应当宣誓。

第15条

经济和财务部应当任命审计员，负责APSARA局账目审计。审计员的职权范围，应当包括检查账户和资金状况，验证财务清单和资产负债表的准确性，以及账户有关信息的准确性。如审计员认为必要时，可以在一年的任何时间，进行此类检查和审计。在每一个财政年度结束时，审计员都应向管理委员会提交一份履职的报告，指出发现的任何不规范或不准确之处，并提供关于财务报表的评估意见。在紧急情况下，审计员可以要求管理委员会联席主席召开管理委员会会议。审计员有权为每个审计索取报酬，报酬金额由管理委员会决定。在审计年度账目后，审计员应当向管理委员会、执行局长和会计提出详细管理建议。

第六章　最终条款

第16条

所有与本王室法令相违背的条款应当视为无效。

第17条

两位首相、文化和艺术部大臣、国土管理部大臣、城市规划和建设部大臣、相关部委大臣，以及暹粒省省长将负责执行本王室法令。

第18条

本王室法令自签署日生效。

签署人：诺罗敦·西哈努克

金边1995年2月19日

## 附3.3 关于调整APSARA局法律地位的王室法令

（关于APSARA局的第二道法令）

我们，

Preah Bat Samdech Preah Norodom Sihanouk Reach Harivong Uphatosucheat Visuthipong Akeak Mohaboros Roth Nikarodom Thomik Mohareachcheathireach Boromaneath Borom Bapit Preah Chau Krong Kampuchea Thipadei,

根据

• 1993年柬埔寨王国宪法

• 1994年7月20日成立内阁并规定其职责的第2/NS/号王室法令

• 1998年11月30日关于成立柬埔寨王国政府的第NS/RKT/1198/72号王室法令

• 1994年5月28日关于暹粒—吴哥地区区划和管理的第001/NS号王室法令

• 1995年2月19日关于成立国家文化最高委员会的第NS/RKT/0295/11号王室法令

• 1995年2月19日关于成立吴哥地区遗址保护与吴哥地区开发的国家机构，即APSARA局的第NS/RKT/0295/12号王室法令

• 1996年1月25日关于实施《文化遗产保护法》的第NS/RKM/0196/26号王室法令

• 1997年12月31日关于确立政府机构法律地位的第NS/RKT/1297/91号王室法令

• 1992年12月7日至14日在美国新墨西哥州圣达菲召开的世界遗产委员会第16次例会以及1995年12月4日至9日在德国柏林召开的世界遗产委员会第19次会议上关于将吴哥古迹列入《濒危世界遗产名录》的决议

• 1999年1月18日柬埔寨王室政府首相的提案

下令

第1条：

本王室法令旨在对《1995年2月19日关于成立吴哥地区遗址保护与吴哥地区开发的国家机构，即APSARA局的第NS/RKT/0295/12号王室法令》做出修订，从而使其与《1997年12月31日关于确立政府机构法律地位的第NS/RKT/1297/91号王室法令》保持一致。

第2条：

柬埔寨王室政府有责任尊重、保护被列为世界遗产地的吴哥古迹，并同意确保对该遗址的维护和保存。

因此，国家有关机构和各级地方机构颁布的任何有悖于国际义务的规定或授权都应被认定无效。

第3条：

根据1997年12月31日的第NS/RKT/1297/91号王室法令第29条、第30条、第31条、第32条和第33条的规定，APSARA局及所有对吴哥古迹管理负有责任的部门都应接受内阁的技术监督。

根据该王室法令第34条、第35条、第36条和第37条的规定，APSARA局应接受经济和财政部的财务监督与会计核算。

第4条：

APSARA局的管理委员会构成如下：

- APSARA局事务的政府顾问；
- 一名内阁大臣的代表；
- 一名文化和艺术部的代表；
- 一名内务部的代表；

• 一名经济和财政部的代表；

• 一名旅游部的代表；

• 一名环境部的代表；

• 一名国土管理、城市规划和建设部的代表；

• 一名公共事务和交通部的代表；

• 暹粒省省长；

• APSARA局工作人员代表。

管理委员会成员的任免由二级法令随时做出决定。

管理委员会成员任期三年，可连任。

管理委员会成员免职由相关职能部委负责。

管理委员会成员职责方面的事项，由政府承担民事责任，有意玩忽职守除外。

管理委员会成员的刑事犯罪，由其个人承担责任。

第5条：

管理委员会主席负责APSARA局的总体领导职能，并根据1997年12月31日第NS/RKT/1297/91号王室法令第11/1条规定，担任执行局长一职，在多个副局长协助下行使职责。

除了第NS/RKT/1297/91号王室法令第12条规定的职能以外，执行局长还拥有以下特权：

在所有有关吴哥古迹的会议、活动和谈判中代表王室政府；

经相关职能部委批准，有权代表王室政府签署有关吴哥历史遗址的协议、公约或合约。

执行局长作为APSARA局首席财务代理人：

• 有权支用收入；

• 有权决定投入、清算及支出；

• 有权委任副财务代理人行使其职权，或经会计人员同意，就收入或预付款做出安排。

执行局长的任免由王室随时做出决定。

1995年2月19日的第NS/RKT/0295/12号王室法令中，关于APSARA局主管执行局长的任命与职责的第8条和第9条作废。

第6条：

1. 根据1996年1月25日第NS/RKM/0196/26号《文化遗产保护法》第5条之规定，以及根据有关世界遗产的国际义务，APSARA局负责吴哥地区的保护、保存和宣传。在世界遗产的国际义务方面，APSARA局是批准在整个吴哥古迹的建筑许可的唯一权力机构。任何非APSARA局专有权批准的授权或许可均无效。任何现有的违法建筑应在发出通告之日起45天内拆除并不做出赔偿，拆除费用由违法建筑单位负担。

2. 根据1994年5月28日的第001/NS号王室法令第4条认定为“考古保护区”的第2区属于不可转让的国家公有土地。上述地区的任何土地转让或用地权均无效。

3. 根据吴哥古迹被列为世界遗产所带来的义务，APSARA局是唯一有权在吴哥地区组织任何活动的机构。

第7条：

除1997年12月31日的第NS/RKT/1297/91号王室法令第19条规定的资源外，APSARA局的其他收入来源包括：

• 根据1994年5月28日的第001/NS号王室法令的规定，位于第1区的古迹参观门票取得的收入；

• 上述区域内摄影，电影拍摄费用；

• APSARA局组织的文化或艺术活动取得的收入，或自公共或私人运营方组织的此类活动收取的费用；

• 自租让或许可占用划归APSARA局的政府财产所取得的收入；

• 自APSARA局持有的政府财产之租赁协议或使用费所取得的收入；

• APSARA局合法发放贷款取得的收入。

第8条：

任何有悖于本王室法令的规定今起作废。

第9条：

柬埔寨王国王室政府内阁负责实施本王室法令。

第10条：

本王室法令自签署之日起生效。

1999年1月22日

诺罗敦·西哈努克

# 附件4　吴哥古迹回顾性突出普遍价值声明

## 简　述

位于柬埔寨北部暹粒省的吴哥是东南亚最重要的考古遗址之一，方圆大约400平方千米，包括众多寺庙、水利工程（水池、堤岸、水库和运河）以及交通道路。几个世纪以来，吴哥一直是高棉王国的中心，有着令人惊叹的古迹遗址、各种不同的古代城镇规划和大型的水库，是各种特征的独特结合，是一个卓越文明的代表。吴哥窟、巴戎寺、圣剑寺和塔布隆寺等寺庙是高棉建筑的代表，与其地理环境密切相关，并具有象征意义。这座都城的建筑和布局见证了高棉帝国高度的社会秩序和等级观念。因此吴哥是一处展示着文化、宗教和象征价值的重要遗址，同时有着重要的建筑、考古和艺术意义。

公园里有人居住，并且分布有许多村落，有些村民的祖先可追溯到吴哥时期。当地人主要从事农业，具体来说是水稻种植。

标准(i)：吴哥建筑群代表公元9世纪到14世纪的完整高棉艺术，其中包括众多毫无争议的艺术杰作（如吴哥窟、巴戎寺、女王宫）。

标准(ii)：在吴哥的发展对高棉艺术独特的演进史起了关键作用，并深远影响了东南亚的大部分地区。

标准(iii)：公元9世纪到14世纪的高棉帝国疆域包括东南亚大部，影响了该地区的政治和文化发展。丰富的砖石结构宗教建筑是该文明的所有遗存。

标准(iv)：高棉建筑很大程度上由印度次大陆建筑风格演化而来，很快形成了自己的独有特点，有些是独立发展，有些吸纳了邻近的文化传统，其结果是形成了东方艺术和建筑中的独特艺术风格。

## 完整性

吴哥建筑群包含高棉时期所有的主要建筑和水利工程系统，大多数的人工湖(baray)和运河至今尚存。所有这些元素都表明这处完整的遗址很好地反映了城市曾经的辉煌。不过遗址的完整性面临双重压力：

1. 内部压力：遗址地区分布着112个历史居住区，10多万居民，他们都想不断扩建自己的居住范围；

2. 外部压力：遗产邻近该省的首府、旅游集散地——暹粒市。

## 真实性

1907—1992年，吴哥的保护修复工作，尤其是法国远东学院、印度考古局、波兰保护机构PKZ和世界古迹基金会从事的工作，并未对构成吴哥建筑群的整体真实性造成重大影响，也没有对由个体古迹构成的总体感觉造成影响。

## 保护与管理要求

该遗产受到以下法律保护：1994年5月28日通过的《关于暹粒/吴哥地区区划的王室法令》和1996年1月25日颁布的《自然与文化遗产保护法》，1995年2月19日通过的《关于建立APSARA局的王室法令》，2004年9月16日颁布的《第70 SSR号政府决议》对吴哥考古公园土地使用做出如下规定："所有位于吴哥古迹1区和2区的土地为国有财产"；2008年5月9日通过的关于APSARA局组织与职能的《第50 ANK/BK号二级法令》，做出了在吴哥考古公园成立土地使用和住所管理司的具体规定。

为加强与明确受保护的1区和2区的所有权和建筑编码，2004年和2009年设立了界桩，2012年完成全部界桩设立。

1993年10月13日，保护吴哥古迹国际协调委员会成立，对柬埔寨王室政府及其国际合作伙伴成功实施科学、修复和保护相关项目进行协调。委员会确保了各种项目的一致性，还制定必要的技术与财务标准，并在需要时号召所有有关方面的注意。委员会还为遗产的综合管理和可持续开发做出了贡献。

APSARA局在委员会的监督下，对遗产进行了成功保护，该遗产自《濒危世界遗产名录》中移除证明了这一点。

吴哥是世界上最大的、仍在进行有关作业的考古遗迹之一。旅游业可带来巨大的经济增长，但同时会给物质文化遗产和非物质文化遗产的保护带来不可避免的破坏。1993年启动国际保护计划以来，进行了多项研究项目。科学研究（如对社会经济状况的人类学研究）让我们更好地了解遗址的历史，而遗址上的居民是不可多得的非物质遗产。研究的目的是，将“非物质文化”与遗址修复加固结合起来，以提高当地人对遗产保护的重要性和必要性的认识，帮助吴哥古迹的开发，因为吴哥是一处活态遗产，所有的高棉人民，尤其是遗址当地人民，保留着其祖先的传统，沿用其他地方已消失殆尽的古代文化行为。当地居民敬重寺庙里供奉的神灵，进行各种仪式和祭奠，包括祈祷、传统音乐和舞蹈。此外，吴哥考古公园有着丰富的草药，当地人用来治疗疾病。草药经处理后，供奉在各处寺庙祈求神灵庇佑。圣剑寺，被认为是一所医药大学，而涅槃宫则是一所医院。传统的纺织和提篮编织以及棕榈糖生产，进一步丰富了这些非物质遗产元素。相关产品被带到市场上，卖给游客，帮助生活在世界遗产地和周边的人们实现可持续发展，改善民生。

此外还成立了一个公共调查机构，作为搜集游客需求、期望和行为的工具，从而制定政策，监测其发展进程，制定变化管理政策，推动不知名遗址的开发。

对有人类居住的吴哥古迹的管理，也考虑到了生活在遗产地的人民，将其与旅游经济增长联系起来，努力实现可持续发展和脱贫致富。

对APSARA局这方面工作的两大支持包括：

1. 与新西兰政府合作进行吴哥管理规划（AMP，Angkor Management Plan）和社区发展参与项目（CDPP，Community Development Participation Project）。吴哥管理规划帮助APSARA局重组和加强机构建设，社区发展参与项目编制土地使用图，让社区实验性地参与进来，并支持与旅游开发有关的小项目，以增加生活在保护区村民的收入。

2. 遗产管理框架（Heritage Management Framework），包含旅游管理规划和古迹与自然资源风险图，是与澳大利亚政府及联合国教科文组织的多边合作项目。管理策略的初步分析和规划将考虑保护吴哥特殊氛围的必要性。所有做出的决定必须确保游客能够观赏到吴哥的实物、精神和情感层面。

# 附件5 ICC相关资料

## 附5.1《吴哥古迹保护与发展国际协调委员会内部管理条例》

2008年12月1日通过，2009年5月31日修订

吴哥古迹保护与发展国际协调委员会（以下简称ICC），由吴哥古迹及周边地区保护与发展政府间会议期间（1993年10月12—13日，东京）成立。该会议应柬埔寨国王诺罗敦·西哈努克陛下将吴哥列入《世界遗产名录》的呼吁下胜利召开，会议决定就吴哥遗产地文化、社会经济和生态协调发展方面，对于遗址保护的国际援助进行综合协调。

ICC是一个实施国际合作的组织，承认作为柬埔寨国家象征的吴哥古迹是世界上最宝贵的文化遗产之一。

ICC承认柬埔寨拥有对吴哥古迹的主权，以及遗产地与该区域的保护和可持续发展的职责。

柬埔寨是《保护世界文化遗产和自然遗产公约》的缔约国，APSARA局作为项目业主，遵守世界遗产委员会有关吴哥古迹保护与可持续发展的标准。

第一条 政策原则

根据1993年《东京宣言》，ICC成立的目的是，建立世界有关各国、各组织为保护发展吴哥古迹、提供援助的国际协调机制。

2003年11月14—15日，在巴黎召开的吴哥古迹及周边地区保护与发展第二次政府间会议对《东京宣言》规定的ICC原则进行确认和完善。

根据2003年《巴黎宣言》，ICC鼓励在综合、多学科行动框架内，推动吴哥知识普及、遗址保护和可持续发展国际合作，促使柬埔寨方面作为项目委托方，发挥越来越大的主导作用，并在各个利益相关方之间提倡合作精神。

ICC的工作，不仅针对遗产保护，还致力于可持续发展，作为可持续发展约翰内斯堡峰会（2002年9月）上法国总统和日本首相的“宣言”，以及联合国秘书长的千年宣言的贯彻和实施。

ICC十分清楚在暹粒—吴哥地区发展有道德、可持续的旅游是脱贫致富的有效工具。

ICC鼓励暹粒—吴哥地区和洞里萨湖周边地区的当地社会，通过推动遵守道德标准、实施可持续发展的旅游项目开发，展示其物质和非物质文化资源，参与遗址保护和地区发展，并帮助其获得教育和培训，以及工作机会和有意义的文化体验。

ICC鼓励柬埔寨方面，进行吴哥历史遗址保护与可持续发展能力建设，包括加强有关部门的人力资源和财政资源，国际专家和柬埔寨专家间必要的技术交流，为柬埔寨方面系统性收集有关吴哥的所有文件记录，推动学术培训和研究（包括考古、铭文和历史方面），以及向其提供适当的方法。

ICC致力于推行一系列措施，实现吴哥古迹的人身安全（扫雷）和遗产安全（防止考古劫掠和文物走私）。

第二条　角色

ICC是各国、各组织为保护、发展吴哥古迹提供援助的国际协调机制。

为实现其工作目标，ICC了解在该遗址和暹粒—吴哥地区实施的科学项目或开发工作。委员会关注各项目的一致性，并在必要时规定所需的技术标准和财务标准。委员会在认为需要时，将问题提请各有关方注意。

ICC关注致力于推动吴哥古迹科学保护与开发项目了解、评估和实施的步骤的开展。

委员会协调制定吴哥保护伦理和实践（保护、展示和开发）的方针性文件。

第三条　正式成员和观察员

ICC的成员为东京政府间会议（1993年）和巴黎政府间会议（2003）的与会国家和国际组织，即，德国、澳大利亚、比利时、文莱、柬埔寨、加拿大、丹麦、埃及、西班牙、美国、俄罗斯、法国、希腊、匈牙利、印度、印度尼西亚、意大利、日本、老挝、卢森堡、马来西亚、墨西哥、挪威、新西兰、荷兰、菲律宾、波兰、大不列颠及北爱尔兰联合王国、韩国、中国、新加坡、斯里兰卡、瑞典、瑞士、泰国、突尼斯、越南、欧盟、亚洲发展银行、联合国粮农组织、国际货币基金、国际文物保存和修复研究中心、国际博物馆协会、国际古迹遗址理事会、世界旅游组织、东南亚教育部长组织考古与美术区域中心、UNESCO、联合国开发计划署、联合国志愿者组织、世界遗址基金。

未参加东京政府间会议和巴黎政府间会议的国家，可要求以观察员身份，参加吴哥国际协调委员会会议。根据《东京宣言》，可特别邀请与吴哥古迹保护与发展有关的非政府组织、基金会、协会和个人以观察员身份，参加吴哥国际协调委员会会议。参会要求必须向秘书处提出，秘书处将要求提交联合主席并事先提交APSARA局在四方会议上审查批准。

第四条　荣誉主席

ICC荣誉主席由柬埔寨国王诺罗敦・西哈努克陛下担任，东京政府间会议和巴黎政府间会议向国王陛下重建国家和保护吴哥倡议和亲自关注表示赞赏。

柬埔寨国王诺罗敦・西哈努克陛下的高级代表，应邀参加吴哥国际协调委员会所有会议。

第五条　联合主席

ICC联合主席由法国和日本担任，由其驻柬埔寨大使代表。两国大使可派代表参加技术会议。

第六条　秘书处

UNESCO总干事通过向ICC提供道义、行政和物质的支持，并由UNESCO驻柬埔寨代表协调向ICC提供常任秘书处。

UNESCO任命科学秘书，向秘书处工作提供帮助。科学秘书必须有这一职位要求的外交和科学资格。

APSARA局向ICC秘书处派驻代表，分担秘书处负责的工作，确保与柬埔寨方面的联络。

秘书处的职责如下：

- ICC会议筹备、组织和后勤服务；
- 向ICC会议与会方发送邀请函；
- 在联合主席的建议下起草会议议程；
- 记录、分发、完成ICC会议提出的建议；
- 向ICC报告前期会议建议实施情况；
- 发布ICC会议记录。技术会议纪要以英文和法文发布。全体会议纪要以高棉文、英文和法文发布，并包括APSARA局年度活动报告。

第七条　全体会议

全体会议由法国和日本大使联合主持，通常每年召开一次。柬埔寨王室政府代表参加会议。

全体会议在大使或其代表和ICC有决策权的成员机构出席的情况下，决定ICC的政策方针。上述成员可以资金援助和技术援助的方式，支持提出的项目。全体会议通过技术会议提出的建议、决定下次技术会议需解决的问题并批准新提出的吴哥古迹科学或发展项目。

如第三条所述，全体会议上的出席方，是ICC的正式成员，持有联合主席签署的邀请函。其他与会方由秘书处通知。

只有列在四方会议批准名单上的与会方才有权参加全体会议。但观察员可参加讨论会。

第八条　技术会议

技术会议由法国大使馆和日本大使馆代表联合主持，通常每年召开一次。会议处理全体会议提交的具体技术方案，或由有关国家或国际团队提出和讨论的关于吴哥古迹及其古迹的科学技术事宜。技术会议起草建议，提交全体会议最终表决通过。

如第三条所述，技术会议上的出席方，是ICC的正式成员，持有联合主席签署的邀请函。其他与会方由秘书处通知。

只有列在四方会议批准的名单上的与会方，有权参加技术会议。但观察员可参加讨论会。

非长期出资方可参加技术会议。其发言必须与APSARA局所辖吴哥古迹和地区有关。非长期出资方必须向秘书处提交申请，并附英文或法文简介。

申请需经联合主席和APSARA局在四方会议上事先批准。如申请获批准，秘书处将通知出资方。

发言的完整版本，必须在ICC会议召开30天前提交秘书处。

所有出资方必须遵守议程时间安排。任何例外须经联合主席事先批准。

第九条　四方会议

四方会议由联合主席及柬埔寨和UNESCO代表参加。会议非公开，不邀请观察员参会。

四方会议定期于历次ICC会议前召开，会期由会议参会方决定。会议通常涉及组织性问题，并批准以下事项：

观察员提交的ICC全体会议和技术会议参会申请；

即将召开的ICC会议上的发言人名单；

应与会方的明确要求，四方会议可在必要时，以定期会议或临时会议形式召开，以处理需特别关注的具体问题。

第十条　特别专家组

任命特别专家组，协助ICC研究提交项目提案的科学技术问题和有关吴哥古迹及其古迹的技术问题。

特别专家组的职责范围，包括保护（考古、建筑、铭文和有关领域）与可持续发展（人类学、环境、经济、旅游等方面）。

特别专家组的成员由联合主席和柬埔寨代表根据科学秘书的提议任命。专家组成员保持独立，个人不得对其结论提出质疑。

专家组是ICC的代理机构，向委员会报告会议召开前其进行的遗址评估检查结果。只有联合主席和秘书处成员有权随特别专家进行考察。

特别专家所做报告，应纳入秘书处起草的ICC综合报告。

紧急情况时，秘书处可立即通知特别专家组，以汇聚有关部门所需的技术力量来采取适当措施。秘书处就此通知联合主席。任何人无联合主席或APSARA局授权，不得接触特别专家组提供的技术建议。

第十一条　吴哥古迹研究活动

吴哥的古迹和文明通常是研究项目的对象。申请人必须满足以下条件：

a. 研究许可

独立研究人员开展与吴哥文化或文明有关的考古、建筑、人类学、社会学、人种学或任何其他领域的研究的，必须经APSARA局提前批准。APSARA局将就此通知ICC。

只有来自大型学术或专业机构的项目可以在专家小组评审的基础上提交ICC批准。

b. 研究结果

所有独立工作的研究人员，或学术团队或机构的研究人员，必须向APSARA局提交其研究结果的副本，APSARA局有保留使用这些研究结果的权利，不包括科学权利。

第十二条　活动资金

ICC的运作和组织，由以下方面共同资助：

两个联合主席国（法国和日本）在其预算拨款范围内，向UNESCO金边办事处汇款；

UNESCO（文化部分）正常预算；

柬埔寨王室政府通过APSARA局的定期经费；

经磋商后，两个联合主席可批准向ICC活动的额外捐助。

第十三条　信息发布

两次年度会议闭会后，发布新闻稿。年度全体会议后，可召开新闻发布会。

第十四条　内部管理条例修订

本内部条例需经两位联合主席批准。联合主席可授权秘书处向ICC正式成员发送副本征求意见。

两位联合主席，可提出修改本内部管理条例（修订和/或增加内容）。

## 附5.2 吴哥研究行为准则

(ICC于2017年1月24日在吴哥通过)

序文

自1992年12月被列入联合国教科文组织《世界遗产名录》以来，APSARA局管辖的文化遗产成为所有柬埔寨人和全人类共同的文化遗产。研究团队与APSARA局合作，代表他们的同胞解读和管理该文化遗产。

1993年10月13日，第一次政府间会议上通过了《东京宣言》，描述了这种合作关系，具体概述如下：

“我们承认柬埔寨人民对于吴哥历史区域的保护和开发享有主权和主要责任。基于此……，我们将支持柬埔寨人民肩负起这项使命(¶2) 。应团结协作开展这些国际努力…… (¶3)……，柬埔寨有关部门（将）能够尽快担负起相关工作的构想和实施。”(¶9)

2003年11月15日，第二次政府间会议上通过了《巴黎宣言》，针对这一合作关系做了进一步阐明，观点如下：

“我们鼓励[柬埔寨当局]强化APSARA局的人力资源和财政资源，如果可行，在最短的时间内完成，……这样APSARA局作为一个公共机构就可以充分发挥其作为国际社会合作伙伴和该项目永久所有者的作用……（¶4）我们鼓励通过向吴哥国际档案中心提供积极和持续的支持，收集有关吴哥的信息……并呼吁所有利益相关方定期提交有关其过去和现在活动的资料。”（¶14）

2013年12月5日，在暹粒举行的第三次政府间会议上，这种合作关系得到了进一步强调，如下文所示：

“得益于在过去20年中得到的经验和专业知识，APSARA局能够进一步发挥其在吴哥古迹及相关区域的保护和可持续发展中作为主要参与者和关键实体的作用……[建议]国际合作伙伴继续支持APSARA局的工作，逐渐巩固其运营管理能力，争取到十年后成为一个自立的组织。”(¶1)

本行为准则旨在通过制定行为标准并向所有从事研究工作的研究人员（无论是APSARA局人员还是与APSARA局合作的国家或国际的团队或个人研究人员）提供指导的方式，实施基础性文件在这些方面的规定。

本行为准则对研究团队的所有成员和个人研究人员都具有约束力，无论其主要任务是在研究方面还是在实地应用方面（如人类学家、考古学家、建筑师、保护员、策展人、历史学家、水文工作者、管理者及其他科学家和技术员）①。

本行为准则是由APSARA局及其管辖范围内的国家和国际研究团队合作并经与相关专家咨询讨论后制定的，仔细研究了许多相关国内和国际协会和组织通过的主要道德规范和行为准则，特别是欧洲考古学会的道德准则。

在APSARA局管辖范围内开展的所有研究应以如下规定为指导框架：相关王室法令和柬埔寨王国法律，联合国教科文组织公约和其他柬埔寨作为缔约国的国际性文件，以及联合国教科文组织及其咨询机构（国际文物保护与修复研究中心ICCROM、

① 根据欧洲研究人员公约与宪章的定义，研究人员是指“参与新知识、新产品、新程序、新方法和新体系的概念和创建或者参与相关项目管理的专业人员”，该定义基于2002年弗拉斯卡蒂手册阐述的国际公认定义。（http://ec.europa.eu/euraxess/index.cfm/rights/definitions2016年1月23日访问）

世界自然保护联盟IUCN、国际古迹遗址理事会ICOMOS和国际博物馆协会ICOM）的推荐规范，《吴哥宪章》，遗产管理框架和ICC及其特设专家的具体推荐意见，如附件1所示。

1. 研究团队及其对社区的责任

1.1 保护吴哥文化遗产是各支研究队伍所有成员（以下简称为研究人员）的责任。

1.2 研究人员应根据《吴哥世界遗产地及APSARA局管辖的其他遗产地范围内保护非物质文化遗产的指南》所述，尽可能尊重当地传统和习惯，特别是在圣地或具有特别意义的遗产地，如在开始工作前举行适当的仪式。

1.3 在开展工作时，研究人员应与APSARA局协作，对其工作的生态、社会和文化影响进行事前评估，特别是对当地社区的评估。

1.4 研究人员应尽一切努力带动当地社区参与其工作。

1.5 为实现这一目的，在开始工作之前、项目期间及总结阶段，研究人员应积极与APSARA局合作，使用所有适当的通信技术，向公众，特别是当地社区和其他利益相关者总体说明其工作目标并详细介绍各具体项目。

根据柬埔寨王国批准的相关联合国教科文组织公约，研究人员不得参与或以其名义参与任何形式会对吴哥文化遗产产生不利影响的活动。

1.6 研究人员应在开展直接从吴哥文化遗产中获取利益的活动前告知APSARA局。

1.7 研究人员有义务提请APSARA局对文化遗产可能遭受的威胁（包括对遗址和古迹的掠夺，以及文物非法贸易）引起注意，以便国家主管机关在发生此类情况时及时采取行动。

2. 研究人员及其专业职责

2.1 研究人员应以同行认可的最高标准开展工作，特别是如附件2所列的法律文书所述。

2.2 相关机构和个人研究人员应根据1996年第NS/RKM/0196/26号关于柬埔寨文化遗产保护的王室法令第41条的规定，向APSARA局提供项目研究人员接受过相关培训或具备相关经验的证据。

实习生、学生和志愿者应接受该研究团队指定成员的监督。

未经APSARA局长明确批准，研究人员不得分包工作、购买信息、雇佣其他人代表其执行工作或者使用相关适用谅解备忘录（MoU）或协议规定之外的工具或方法。

2.3 相关机构和个体研究人员应在各项现场工作开始之前提交一份研究设计方案，作为所有项目的关键性准备工作，并按照相关谅解备忘录或协议的规定将该研究设计方案提交至APSARA局局长，供其批准。

2.4 1996年第NS/RKM/0196/26号关于柬埔寨文化遗产保护的王室法令规定："国家文化遗产包括在国家领土内创造或发现的文化遗产"（第2条）和"科学机构发现的不可移动和可移动文化遗产属于国家财产"（第44条）。

重大发现应及时向领土当局和APSARA局（相关司室及吴哥国际研究与文献中心AICRD）报告，并根据具体情况与APSARA局共同制定适当的保护措施。

所有发现的详细清单或目录应提供给APSARA局并定期更新。

根据相关谅解备忘录或协议的规定，研究人员可被授权暂时保管有关发现的资料，以供研究项目期间研究分析所用。在当前的研究项目结束时，除非获得特别豁免，否则所有有关发现的资料必须移交APSARA局。

在可行的情况下，相关发现、样本和记录的后续保存应设在可访问的公共存储库（博物馆、档案馆等）。

2.5 所有项目活动都应以易于理解且持久的形式进行适当记录（如日记簿、记录簿、视频、录音、地图和图像）。

2.6　在每次野外调研结束时，研究人员应向APSARA局局长提供所有重要数据和研究记录的临时报告和/或总结，这些资料应保密保存，直到第2.7段中规定的期限，除非得到相关研究者的特别允许。

2.7　根据1996年第NS/RKM/0196/26号王室法令第42条有关柬埔寨文化遗产保护的规定，在合理期限内，即项目完成后不超过五年的时间内，研究人员对其负责的项目享有科学所有权。在此期间，研究人员应公布其研究结果，并审慎考虑研究团队之外的同事和学员的信息请求。超过此期限后，APSARA局和其他方可免费分析和公布这些记录。

2.8　研究人员和APSARA局应在相关谅解备忘录中提及的有关研究的出版物中相互承认彼此以及主要参与者的贡献（作为合著者或视情况而定）。联合出版物和报告应注明APSARA局及其合作方的名称和/或标志。有关出版物的更多信息请参见相关谅解备忘录。

2.9　研究人员应遵守柬埔寨国家文献法律法规，并提供相关出版物的至少一份复印件（不考虑出版地点），在AICDR存档。

所有材料都应提供高棉语及法语或英语版本的摘要。

研究人员必须避免出现任何形式的剽窃和欺骗行为。

2.10　研究团队应与APSARA局培训中心合作，竭尽全力为其人员提供能力建设机会。

2.11　研究经费的管理必须遵循立法要求和相关政策。

2.12　研究人员不得以性别、宗教、年龄、种族、残疾或性取向为借口进行任何形式的歧视，而应在和睦相处和相互尊重的基础上努力维持工作关系。

2.13　所有项目的管理必须尊重柬埔寨劳动法及其他与职业、健康和安全有关的国家标准。

3. APSARA局对研究人员的责任

3.1　APSARA局应就项目负责人要求且同意的研究项目为每位研究人员发放通行证。持有通行证的研究人员有权根据APSARA局的条件在工作时间免费进入吴哥考古公园和所有APSARA局管辖的区域。

3.2　APSARA局应合理考虑学员和志愿者就获批的研究项目提出的通行证或临时授权的请求。

3.3　APSARA局应开具一份信函，要求对研究人员以执行获批谅解备忘录中指定的研究项目为目的而带入柬埔寨的材料和设备免除柬埔寨进口税和其他关税。APSARA局不承担由此产生的任何费用。

3.4　APSARA局应尽可能为研究人员以执行获批谅解备忘录中指定的研究项目而带入柬埔寨的材料和设备办理必要的进出口许可证或其他文件。APSARA局不承担由此产生的任何费用。

3.5　APSARA局应考虑相关研究团队的特殊需求，协助其招聘执行已获批项目所需的技术人员与当地工作者，这些人员的薪酬可由研究合作方根据柬埔寨劳动法和APSARA局所制定政策的一般条款和条件支付。

3.6　APSARA局应考虑相关研究团队的特殊需求，协助其在当地采购用于修复和挖掘的材料和设备，相关费用由研究合作方承担。

3.7　APSARA局应提供其人员的时间和专业知识，以配合开展已批准的研究项目。其人员可以签署合同，在工作时间之外提供额外的援助，并获得适当的补偿金。

3.8　若可行，APSARA局应免费提供其总部内某些设施的使用权，如会议室和会议厅，以及AICRD的图书馆和吴哥陶瓷处。某些合同可能规定允许个人使用一些额外的设施，如办公空间和学员宿舍以及教授住所里的临时住宿。

4. 程序

在APSARA局发放通行证或临时授权之前，每个研究人员应亲自签署该行为准则，同意遵守相关规定。

如果不能遵守上述规定，应向有关合作方组织提交一份报告，以考虑进行适当的处罚，最高可暂停甚至终止该人员进入APSARA局管辖范围内的权利或者暂停甚至终止相关谅解备忘录或协议。若出现违反柬埔寨法律法规的事项，应移交国家主管部门。

## 附5.3 ICC特设专家小组成员简介[①]

1. 保护专家小组

MOUNIR BOUCHENAKI：考古学与古代史博士。2005—2011年当选ICCROM总干事，1982—2005年长期在UNESCO工作，历任文化遗产部主任、世界遗产中心主任和文化事务助理总干事。1974—1982年担任阿尔及利亚信息与文化部美术、古迹与遗址司主任。2005年起任吴哥保护特别专家小组成员。

GIORGIO CROCI：1960年毕业于罗马La Sapienza大学，获土木工程学位，现任该大学结构工程学教授。自1994年起任特别专家组成员。他起草的《吴哥古迹保护与保存建议》成为《吴哥宪章》的基础。1995—2005年任ICCMOS建筑遗产结构分析与修复国际科学委员会主席，现任该委员会荣誉主席，兼任UNESCO金字塔高原、比萨斜塔和阿克苏姆古城等遗址国际专家。2000年获（巴黎）建筑学会世界遗产保护全球杰出贡献银质勋章。2008年获意大利总统乔治·纳波利塔诺颁发文化与历史国家金质勋章。

PIERRE-ANDRE LABLAUDE：法国政府建筑师，毕业于古迹历史与保护高等研究中心，是法国历史古迹首席建筑师和总巡视员。多年来，他致力于历史园林与景观的保护与修复。作为法国历史古迹国家委员会的成员，撰写了大量出版物，同时在法国国内外担任遗产专业教学工作。1995年起，参加法国外交部和UNESCO的多个专家

① ICC-Angkor, 20 Years of International Cooperation for Conservation and Sustainable Development：18-19.

小组，定期参与数个世界遗产的国际性工作。

KENICHIRO HIDAKA：日本筑波大学世界文化研究博士项目的建筑史教授和主任，拥有东京大学建筑系博士学位。1990年起指导伊斯坦布尔圣索菲娅大教堂勘察项目，项目部分成果出版并获日本建筑史学家年奖。任ICOMOS建筑遗产结构分析与修复国际科学委员会日本投票成员。2009年起成为吴哥保护特别专家小组成员。

2. 可持续发展小组：

JEAN-MARIE FURT：获法律与管理双博士学位。他是一名学者，同时也是旅游开发顾问，出版了大量有关遗产与旅游之间关系的著作，并应邀参加各国开发模式、管理规划的制定及各种旅游经济与可持续领土管理的研究工作。是自然区域保护与文化发展领域多个科学顾问组织的成员。2007年起成为吴哥可持续发展专家小组成员。

BERNARD HUBERT：法国农业研究院名誉高级科学家、社会学高等学校教授。起初接受生态学培训，之后专业视野逐渐拓宽，探寻人类活动对生态的影响，以及社会科学对生命科学的作用。在多个领域有所涉猎让他在1994—2003年成为国家农业研究院农业体系与开发部主任，2003—2007年任该研究院社会科学和应用数学与信息科学主任。2007—2010年负责国家农业研究院与国际农业研究促进发展合作中心的合资项目——法国国际农业研究计划（FI4IAR）。2009年4月起担任位于法国蒙彼利埃的农业科学与教育国际联合会主席。2010年起代表法国成为吴哥可持续发展专家小组成员。

SHINJI TSUKAWAKI：日本名古屋大学地质学和人类学博士，现为日本金泽大学自然与环境技术研究院地球科学教授，曾作为海洋与沉积地质学家参与日本群岛地质演变研究。1992年起在柬埔寨工作，主导洞里萨湖地质环境演变和生物多样性可持续性以及吴哥考古公园环境污染与恶化方面的科学研究。他的目标是实现文化遗产、自然环境和当地社会之间的可持续平衡环境。2012年起任吴哥可持续发展专家小组成员。

# 参考文献

# Bibliography

（按出版和发表年代顺序）

## 一、专著

### （一）国内专著

[1] 中国文物研究所. 周萨神庙（世界遗产柬埔寨吴哥古迹）[M]. 北京：文物出版社，2007.

[2] 温玉清. 茶胶寺庙山建筑研究 [M]. 北京：文物出版社，2013.

[3] 伍沙. 20世纪以来柬埔寨吴哥建筑研究及保护 [D]. 天津：天津大学，2014.

[4] 中国文化遗产研究院，等. 柬埔寨吴哥古迹茶胶寺考古报告 [M]. 北京：文物出版社，2015.

[5] 许言. 茶胶寺修复工程研究报告 [M]. 北京：文物出版社，2015.

### （二）国外专著

[1] UNESCO, APSARA. Angkor: Past, Present and Future[M]. Phnom Penh: APSARA, 1996.

[2] UNESCO. ICC-Angkor, 15 Years of International Cooperation for Conservation and Sustainable Development[M]. PHNOM PENH: UNESCO OFFICE IN PHNOM PENH, 2008.

[3] Franciscus Verellen. Un Siecle D'histoire-L'ecole Francaise D'Extreme-Orient et Le Cambodge[M]. Paris: Magellan et Cie, 2011.

[4] Brigitta Hauser-Schäublin(ed). World Heritage Angkor and Beyond—Circumstances and Implications of UNESCO Listings in Cambodia[M]. Göttingen: Universitätsverlag Göttingen, 2011.

[5] UNESCO. ICC-Angkor, 20 Years of International Cooperation for Conservation and Sustainable Development[M]. PHNOM PENH: UNESCO OFFICE IN PHNOM PENH, 2013.

## 二、研究论文

（一）国内研究论文

[1] 中国文物研究所，中国社会科学院考古研究所. 吴哥遗迹周萨神庙考古报告[J]. 考古学报，2003（3）.

[2] 顾军. 中国援助柬埔寨吴哥古迹周萨神庙保护工程[C]//中国文物保护技术协会. 砖石类文物保护技术研讨会论文集. 北京：中国文物保护技术协会，2004:477–483.

[3] 姜怀英. 古建筑保护理念的探索与实践——参与吴哥遗迹维修保护工程的几点体会[C]//朱诚如. 中国紫禁城学会论文集（第四辑）. 北京：紫禁城出版社，2005：53–56.

[4] 刘江，姜怀英. 吴哥古迹的保护与修复[J]. 中国文物科学研究，2006(4).

[5] 姜怀英. 吴哥古迹保护的中国特色[C]//陆寿麟. 中国文物保护技术协会第六次学术年会论文集. 北京：科学出版社，2009：254–258.

[6] 狄静雅，王其亨. 日本建筑遗产保护工程报告书体系的启示——从柬埔寨吴哥古迹保护与修复工程谈起[J]. 新建筑，2009（6）.

[7] 温玉清. 法国远东学院与柬埔寨吴哥古迹保护修复概略[J]. 中国文物科学研究，2012（2）.

[8] 侯卫东.“吴哥保护国际行动”二十年和《吴哥宪章》[N]. 中国文物报,2013-02-22(005).

[9] 贺平. 区域功能性合作与日本的文化外交——以吴哥古迹保护修复为中心[J]. 日本问题研究，2014（4）.

[10] 侯卫东. 从周萨神庙到茶胶寺——中国参与吴哥古迹研究与保护纪实[J]. 建筑遗产，2016(1).

（二）国际研究论文

[1] Jonathan Wager. Environmental Planning for a World Heritage Site: Case Study of Angkor, Cambodia[J]. *Journal of Environmental Planning and Management*, 1995, 38(3).

[2] Lindsay French. Hierarchies of value at Angkor Wat[J]. *Ethnos*, 1999, 64 (2).

[3] Anne Lemaistre, Sebastien Cavalier. Analyses and management prospects of the international Angkor programme[J]. *Museum*, 2002 (54).

[4] Keiko Miura. Conservation of a “living heritage site”: a contradiction in terms? A case study of Angkor World Heritage Site[J]. *Conservation and Management of Archaeological Sites*, 2005, 7(1).

[5] Maria Aurora Fe Candelaria. The Angkor Sites of Cambodia: The Conflicting Values of Sustainable Tourism and State Sovereignty[J]. *Brooklyn Journal of International Law*, 2005,31(1).

[6] Britt Baillie. Conservation of the sacred at Angkor Wat: further reflections on living heritage[J]. *Conservation and Management of Archaeological Sites*, 2006, 8 (3).

[7] Fabienne Luco. The people of Angkor: between tradition and development[C]//J. Chermayeff(ed). Phnom Penh Workshop on Public Interpretation, Phnom Penh: APSARA, 2006: 118-130.

[8] Roland Fletcher, et al. Living with heritage: site monitoring and heritage values in Greater Angkor and the Angkor World Heritage Site, Cambodia[J]. *World Archaeology*, 2007, 39 (3).

[9] T. Lakshmipriya. Conservation and restoration of Ta Prohm temple[M]// D'Ayala & Fodde. Structural Analysis of Historic Construction, London: Taylor & Francis Group, 2008: 1491-1497.

[10] Tim Winter. Post - conflict Heritage and Tourism in Cambodia: The Burden of Angkor[J]. *International Journal of Heritage Studies*, 2008, 14 (6).

[11] Josephine Gillespie. Protecting World Heritage: Regulating Ownership and Land Use at Angkor Archaeological Park, Cambodia[J]. *International Journal of Heritage Studies*, 2009, 15 (4).

[12] Vannarith CHHEANG. Tourism and Local Community Development in Siem Reap[J]. *Ritsumeikan Journal of Asia Pacific Studies*, 2010, 27 (1).

[13] Philippe Delanghe, et al. Tourism and Development: Angkor's Away[C]// ICOMOS. Heritage, Driver of Development, Paris: ICOMOS, 2011: 526-532.

[14] Josephine Gillespie. Buffering for conservation at Angkor: questioning the spatial regulation of a World Heritage property[J]. *International Journal of Heritage Studies*, 2012, 18 (2).

[15] Josephine Gillespie. World Heritage management: boundary-making at Angkor Archaeological Park, Cambodia[J]. *Journal of Environmental Planning and Management*, 2013,56 (2).

[16] Chanvirak Sarm. Managing Interpretation at A UNESCO World Heritage Site: A Supply-Side Perspective Of Angkor Wat Temple, Cambodia [D]. Wellington: Victoria University, 2013.

[17] Peou Hang. Stakeholders of Angkor World Heritage Site Management[C]// Alicia Castillo Mena(ed). Proceedings of the II Internacional Conference on Best Practices in World Heritage, Madrid: Universidad Complutense de Madrid, 2015: 525-536.

[18] William Chapman. Book Reviews—UNESCO in Southeast Asia: World Heritage Sites in Comparative Perspective[J]. *Conservation and Management of Archaeological Sites*, 2017,19 (3).

# 索 引

# Index

Study on the UNESCO
Programme for Safeguarding Angkor

# 后记

# Epilogue

初次和吴哥古迹结缘，是2013年夏天赴柬埔寨参加世界遗产委员会年会。从事世界遗产研究和保护工作多年，国内外的世界遗产也看了不少，但亲身走进吴哥，还是情不自禁地赞叹，这才是世界遗产！而且，不同于一般的游客以及研究者，当时，作为中国文化遗产研究院的一员，我也深以文研院代表中国政府参与了吴哥国际援助而感到自豪。

想不到，这一份缘分在一年之后又得到了延续。根据院领导的要求，我承担了院里的《吴哥国际保护合作历史与现状研究》课题，并于2014年夏天重返吴哥，遍访APSARA局、ICC与各国工作队，就吴哥的国际援助工作收集了大量的一手研究资料，并与各国的同行结下了友谊。

在课题完成后，由于家庭原因，我离开文研院，并最终借文研院与浙江大学签署战略合作协议的东风，进入了浙江大学。虽然工作经历了变动，但在领导与同事们的信任与帮助下，与吴哥的情缘有幸得到了延续。在来到浙大的半年多时间里，我将大量之前来不及系统梳理研究的材料补充进了书稿，并幸运地在国际援助吴哥行动25周年纪念来临之际，迎来了本书的出版。

此时此刻，最感激的人是国家文物局的刘曙光副局长。启动上述课题，正是他在文研院任院长时做出的决定，也正是由于他对本书的殷切期望，让我在闲适的人间天堂也不敢忘记职责所在，尽自己有限的能力对书稿加以充实和完善。在初稿完成后，曙光局长又在百忙之中抽出时间仔细审读，提供了大量的宝贵意见以及一些重要的研究资料，并欣然为本书作序。可以说，没有他的关心和帮助，就不会有这本书。

同样难以忘怀的，是文研院的领导和伙伴们。虽然离开已有两年多的时间，但他们的信任和支持之情，让我始终感觉依然是院里的一员。在本书的撰写过程中，柴晓明院长、许言副院长和乔云飞副院长等院领导都给予了大量的指点，而昔日的好伙伴，赵云、刘建辉、金昭宇、张念、燕海鸣、黄雯兰等，也一如既往地给予我最为细致和耐心的帮助。此外，在书稿撰写的最后阶段，文研院的青年援外骨干袁濛茜成为我的合作伙伴。她为本书补充了大量的新鲜内容，让我受益匪浅。如果没有濛茜的加入，本书将大为失色。

同时，我还要真诚地感谢浙江大学的领导和同事。从浙江大学发展委员会张曦主席，浙江大学任少波副校长、罗卫东副校长，到文化遗产研究院的曹锦炎院长和艺术与考古博物馆的楼可程馆长，以及我的同事李志荣、白承镐、梁颖、刁常宇、王珅、蒋璐等，都对我本人以及本书的撰写给予了帮助。此外，艺术系的王小松教授和他的助手们为了本书的版式倾注了大量的心血，他们的精美设计为本书增添了新的亮点。

当然，本书的顺利问世也离不开柬埔寨和国际同行们的大力支持。以APSARA局索曼（SUM Map）局长、ICC科学秘书阿兹丁·毕肖克（Azedine Beschaouch）教授以及ICC前任协调员林文福（Lim Bun-Hok）为代表，我们所访问的所有国际同行，在得知是中国队在对吴哥援助展开研究时，都表现出了极大的热情，对我们的问题都是知无不言，言无不尽。他们的名字太多，恕我难以在此一一列举。而在文化遗产圈里各国同行间这种宝贵的相互信任和情谊，也让我们对于文化遗产的国际合作，更平添了一份神圣感和责任心。

此外，还要感谢国家文物局的温大严处长，清华大学的张亦驰，北京大学的冯妍、韩博雅，以及同济大学的伍沙。他们或者作为课题组成员，参与了前期课题报告的调研和编写，或者对书稿提出了宝贵的意见。此外，我还要感谢著名摄影师赵辉老师，为本书提供了精彩的辑封图片，以及浙江大学出版社的鲁东明社长和编辑王雨吟、责任编辑胡畔、设计总监程晨等，是他们的连日辛劳，保证了本书的顺利出版。

必须承认，由于个人精力和能力有限，本书还有很多缺点，如未能对各国修复理念和技术方法的变迁加以研究，也未能在吴哥现场，尤其是对古迹内的村庄，展开充分的调研。如果本书能成为一块敲门砖，让更多的人领略到吴哥国际保护行动的神圣和不易，我想，撰写本书的目的也就达到了吧。

最后，还想对在本书撰写过程中，不幸因病去世的文研院的温玉清博士和柬埔寨政府前副首相索安阁下（Sok An），致以最深切的怀念。他们为国际援助吴哥行动，尤其是中国援助吴哥工作做出了巨大的贡献，他们对于吴哥古迹的热爱和对于世界大同的追求，将永远激励我们在文化遗产国际合作的事业上昂首前行。

王　毅

2017年10月于浙江大学启真湖畔

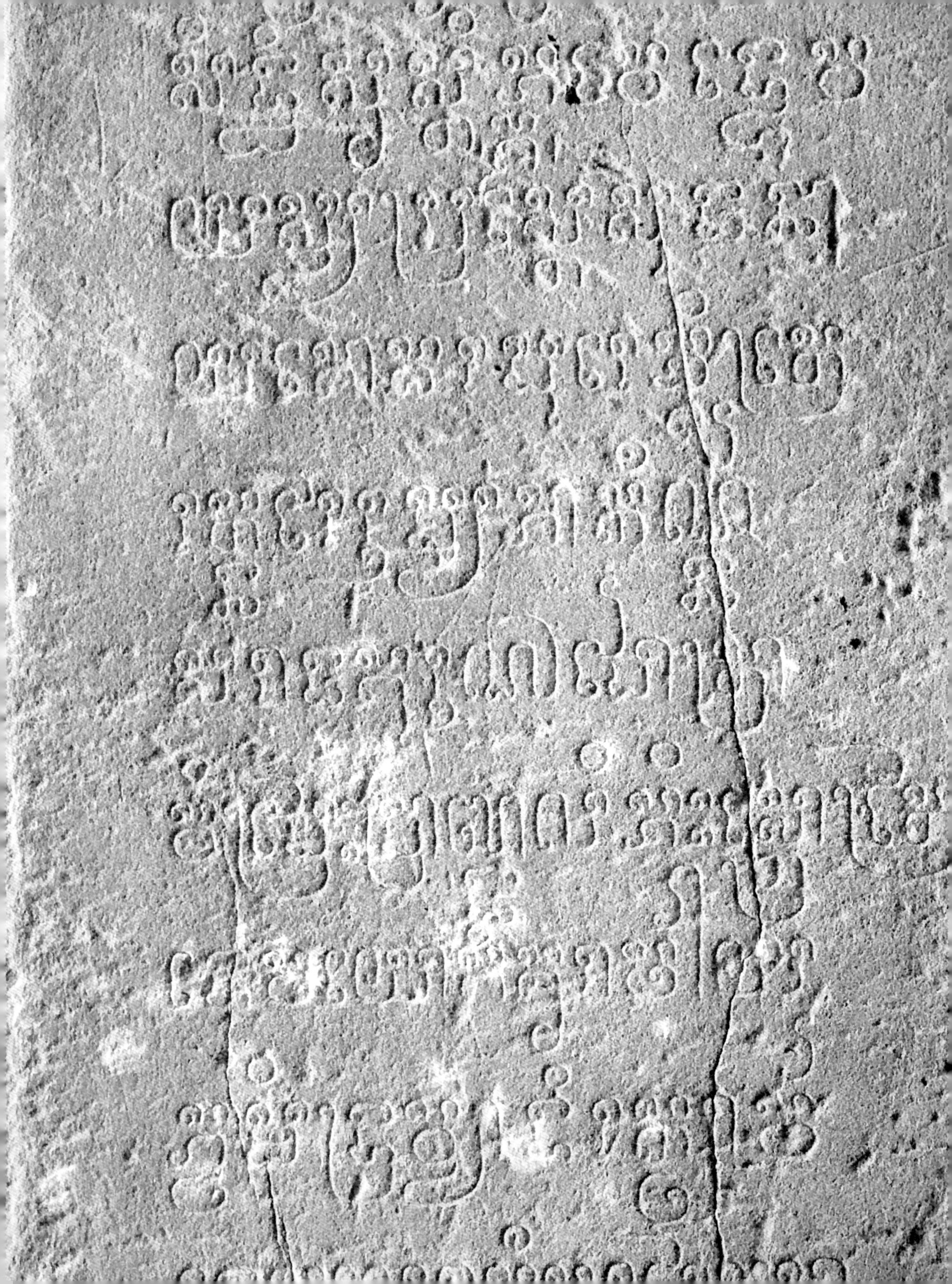

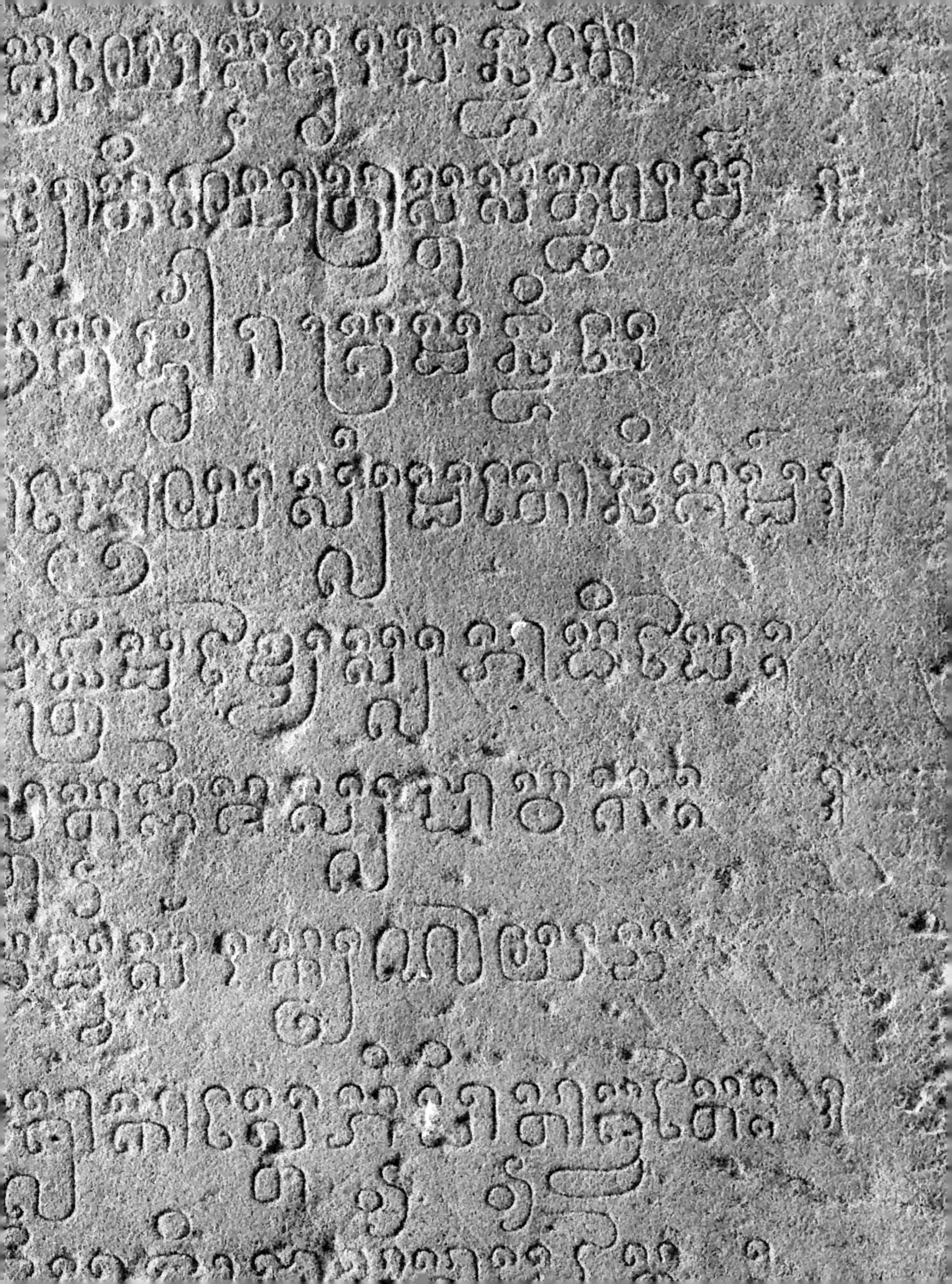

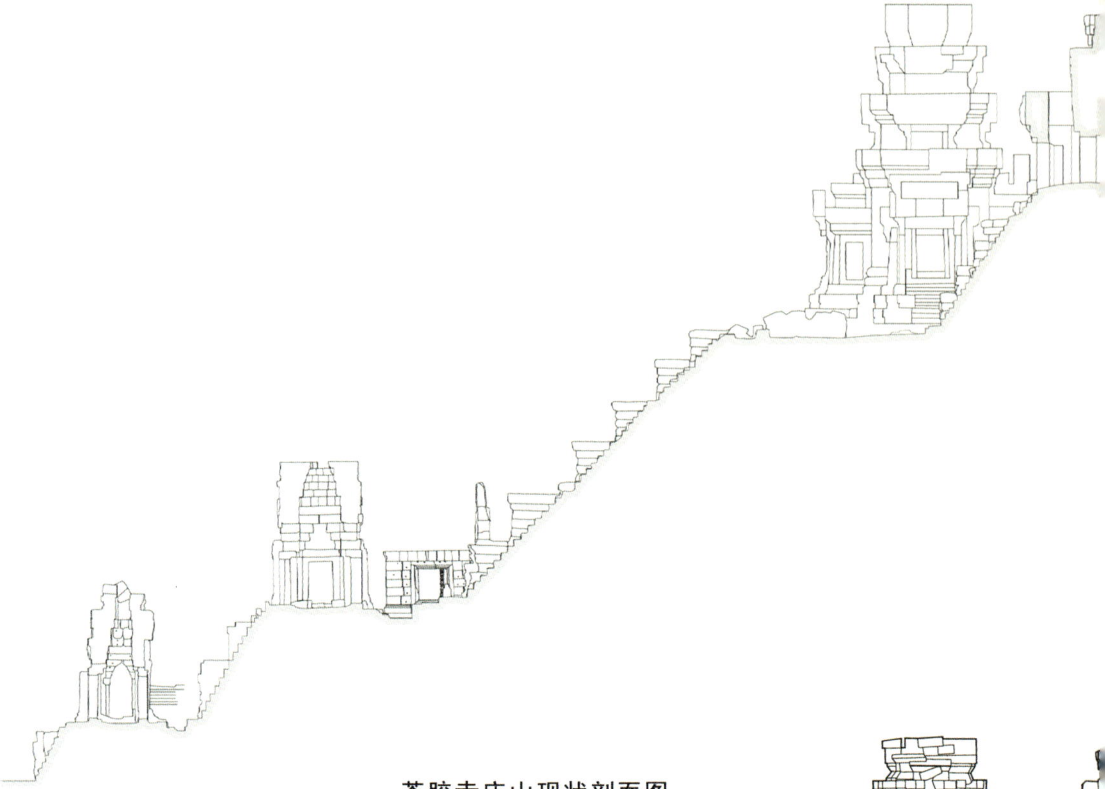

茶胶寺庙山现状剖面图
SECTION OF THE CURRENT CONDITION

EAST ELEVATION OF THE CURRENT CONDITION
茶胶寺庙山现状东立面图

图书在版编目(CIP)数据

联合国教科文组织吴哥古迹国际保护行动研究 / 中国文化遗产研究院主编；王毅，袁濛茜编著. — 杭州：浙江大学出版社，2018.4
ISBN 978-7-308-17750-4

Ⅰ. ①联… Ⅱ. ①中… ②王… ③袁… Ⅲ. ①文物保护－研究－吴哥 Ⅳ. ①K883.35

中国版本图书馆CIP数据核字(2018)第001041号

# 联合国教科文组织吴哥古迹国际保护行动研究

中国文化遗产研究院　主编
王　毅　袁濛茜　编著

---

出 品 人　鲁东明
项目统筹　陈丽霞
策划编辑　王雨吟
责任编辑　胡　畔（llpp_lp@163.com）
责任校对　宋旭华　杨利军
装帧设计　王小松　程　晨　黄　雪
出版发行　浙江大学出版社
（杭州市天目山路148号　邮政编码　310007）
（网址：http://www.zjupress.com）
排　　版　杭州林智广告有限公司
印　　刷　浙江海虹彩色印务有限公司
开　　本　889mm×1194mm　1/16
印　　张　18.75
字　　数　330千
版 印 次　2018年4月第1版　2018年4月第1次印刷
书　　号　ISBN 978-7-308-17750-4
定　　价　198.00元

---